小读客 经典童书馆

童年阅读经典 一生受益无穷

哈尔的移动城堡三部曲 II

空中城堡

[英]戴安娜·韦恩·琼斯 著

匪石 译

Castle in the Air

Diana Wynne Jones

文汇出版社

献给弗朗西斯卡

目 录

第一章　阿卜杜拉购买魔毯　　　　　　　　　　001

第二章　阿卜杜拉被当作女人　　　　　　　　　012

第三章　夜之花发现真相　　　　　　　　　　　020

第四章　有关婚姻和预言　　　　　　　　　　　030

第五章　夜之花的父亲要将阿卜杜拉举到众人之上　042

第六章　阿卜杜拉逃离虎穴又入狼窝　　　　　　052

第七章　妖怪出场　　　　　　　　　　　　　　062

第八章　阿卜杜拉继续梦想成真　　　　　　　　070

第九章　阿卜杜拉遭遇老兵　　　　　　　　　　078

第十章　暴力和流血　　　　　　　　　　　　　086

第十一章　野猫害阿卜杜拉浪费了一个愿望　　　096

第十二章　阿卜杜拉和老兵被通缉　　　　　　　105

第十三章　阿卜杜拉挑战命运　　　　　　　　115

第十四章　魔毯重现　　　　　　　　　　　　123

第十五章　来到金斯伯里　　　　　　　　　　133

第十六章　奇怪的事降临到午夜和毛小子身上　145

第十七章　阿卜杜拉终于抵达空中城堡　　　　157

第十八章　满屋子的公主们　　　　　　　　　169

第十九章　老兵、厨师和地毯商人各自开价　　180

第二十章　神灵的命根找到后又被藏匿　　　　194

第二十一章　城堡落地　　　　　　　　　　　207

第一章

阿卜杜拉购买魔毯

远在英格里主国以南,拉斯福特苏丹王的领地之内,有位年轻的地毯商人名叫阿卜杜拉,他就住在领地之内的赞泽堡市。就商人而言,他并不富有。他父亲生前就对他不抱期望,死后留给他的钱也仅够他在集市西北角买个小摊位,并囤上一些货。父亲其余的钱以及位于集市中心的那个大商铺,统统落入了父亲大老婆的亲戚手中。

没人告诉阿卜杜拉为什么父亲对他不抱期望。这应该和阿卜杜拉出生时的一个预言有关,但阿卜杜拉从不费神去弄个明白。相反,早在年幼时他就编织了一个与此有关的白日梦。在梦里,他是一个大国国王失散多年的儿子,当然,这就意味着父亲并不是他的亲生父亲。这纯属子虚乌有的空中楼阁,阿卜杜拉也明白这一点。人人都说他继承了父亲的容貌。每次照镜子,看到的无疑是一位长相英俊的年轻人,脸庞瘦削,如鹰般坚毅——他知道自己长得酷似父亲年轻时的肖像。考虑到父亲留有浓密的小胡子，阿卜杜拉还需把嘴唇上方仅有的六根胡子拢到一起，并希望它们会很快兴盛起来。

不幸的是，所有人都认为阿卜杜拉继承了他母亲的品性。他的母亲是父亲的第二个老婆，胆小又爱幻想，令所有人都很失望。对于这种说法，阿卜杜拉并不在意。地毯商人的生活少有机会让他去逞匹夫之勇，总体来说，他对自己的生活还是很满意的。他所购买的这个摊位面积虽小，但位置相当好。它离西苑的富人区不远——那里的富人们都住在四面带花园的大房子里。更妙的是，从北边沙漠来的地毯制造商们，进入赞泽堡市场的第一站就是这里。富人和地毯制造商们通常要找位于市场中央的那些大商铺，但出人意料的是，每当这个年轻商人冲上前来，用最最周全的礼数向他们提供优惠和折扣时，很多人会在这个年轻地毯商人的摊位前停下脚步。

这样一来，阿卜杜拉经常能抢先买到质量最为上乘的地毯，然后再卖出获利。在买卖间隙，他就坐在铺子里继续做他的白日梦，这一切让他怡然自得。事实上他生活中仅有的麻烦几乎都来自父亲大老婆的亲戚们。他们每月到访一次，就是为了来挑他的毛病。

"你赚的钱一点儿也没攒下来！"阿卜杜拉父亲大老婆的侄子哈肯木（阿卜杜拉讨厌这个人）嚷嚷道。这真是灾难性的一天。

阿卜杜拉解释说，每当盈利时，他通常用赚到的钱去买更好的地毯。虽然钱都套在存货上了，但库存的成色却越来越好，这让他吃穿不用愁。他还告诉那些亲戚，因为自己还没成家,无须更多的钱。

"对了,你该成家了。"阿卜杜拉父亲大老婆的姐姐叫道,她叫法蒂玛(阿卜杜拉对她更为讨厌)。"我以前就说过,现在还得说——像你这样的年轻人,现在至少得有两个老婆了!"并且,她还不满足于口头这样说说罢了,宣称这次要给他物色几个老婆来,这个提议让阿卜杜拉吓得不轻。

"你的存货越贵重,你就越有可能遭贼人抢劫,或者一旦失火,你损失就会越大,你想过这些没有?"阿卜杜拉父亲大老婆的表兄阿斯夫(阿卜杜拉最讨厌他,把前面两个讨厌鬼加在一起也及不上这一个)烦人地说道。

阿卜杜拉向阿斯夫保证道,自己总是睡在铺子里,而且对火烛非常小心。对此,父亲大老婆的三个亲戚摇着头走了,嘴上发着"啧啧"的不屑声。这通常意味着,他们会让他清净一个月。阿卜杜拉松了一口气,又一头扎回他的白日梦里。

到目前为止,他的白日梦极为具体。在梦里,他是赞泽堡以东一位有权有势的国王之子,那个国家离此很远,所以不为人知。阿卜杜拉两岁时,被一个穷凶极恶的强盗绑架了。强盗名叫卡布尔·阿客拔,长着一个鹰嘴般的钩鼻子,鼻孔上戴着个金圆环。他用一把柄上镶有银丝的手枪恐吓阿卜杜拉。头巾上的那块鸡血石让他显得法力超人。阿卜杜拉害怕极了,逃进了沙漠,在那里他被现在认作父亲的人找到。白日梦无视了一个事实,那就是阿卜杜拉的父亲终其一生也未曾踏入过沙漠,相反,他父亲生前常说,任何想到赞泽堡以外冒险的人一定都是疯了。即便如此,阿卜杜拉照样可以详细描绘出自己在被好心的地毯商人发现前那段噩梦般的逃亡之旅：那时他的嘴巴又干又渴，双脚又酸又痛。他也同样可以详细描绘出被绑架前自己所住宫殿的模样：宫殿最上方是七个圆形屋顶，每个顶上都包了金箔，带柱子的正殿里铺着绿色花岗岩地板，还有女人所住的后宫以及很多间厨房，总之极尽奢华。

后来，白日梦主要集中在阿卜杜拉出生时就与之定亲的那位公主身上。她和阿卜杜拉一样出身高贵，在他流落异乡期间，已经出落成各方面都百里挑一的大美人，有着一双乌黑迷离的大眼睛。她所住的宫殿和阿卜杜拉的一样豪华。进入这座宫殿，得沿着一条两旁是天使雕像的大道，依次进入七个大理石庭院。每个庭院中间都有一个喷水池，喷水池一个比一个价值连城：第一个庭院中的喷水池用的是橄榄石，最后一个是镶了绿宝石的白金。

但那一天阿卜杜拉对他梦里的安排不是太满意。每次他被父亲大老婆的亲戚们拜访后都有这样一种感觉。他觉得一座漂亮的宫殿，得有气派的花园相配。阿卜杜拉喜欢花园，但他对花园知之甚少。有关花园的经验大都来自赞泽堡的公共花园——那里的草皮多少有点儿被践踏坏了，花也很少。每当他有钱让独眼贾迈尔替他看铺子时，他就去公共花园吃午饭。贾迈尔在他隔壁开一家油炸食品店，付给贾迈尔一个硬币，他就会把狗拴在阿卜杜拉的铺子前。阿卜杜拉明白，公共花园的那点经验不足以让他构建出一个合适的花园。但是，想任何事情都比想法蒂玛要给他物色两个老婆这事强。他沉迷在公主花园的走道上，那里树叶婆娑，花香四溢。

几乎可以说,还没等阿卜杜拉真正开始做他的白日梦,他就被一个男人打断了。这人个头很高,身上脏兮兮的,抱着一条看上去又脏又破的地毯。

"你收购地毯,大户人家的孩子?"陌生人草草鞠了个躬,问道。

在赞泽堡有人要卖地毯,买卖双方都用正式且华丽的语言进行交谈,但此人的态度出奇生硬。阿卜杜拉的梦中花园就这样被现实生活打断而化作了碎片,总之,他很懊恼。草草答道:"哦,沙漠之王,您想和我这个可怜的商人交易吗?"

"不是交易,是卖,哦,一堆垫子的主人。"

"垫子!"阿卜杜拉心想,这简直是侮辱。阿卜杜拉铺子前展示的那张罕见的拼花地毯来自英格里——或欧芹斯坦,赞泽堡人把英格里叫作欧芹斯坦,铺子里面至少还有两张来自尹希库和法克檀的地毯。就算是苏丹王本人也不会嫌弃自己皇宫里那几间小一点儿的宫室。当然,阿卜杜拉不会说这个。赞泽堡的礼仪不容你自夸。他冷淡地微微欠了欠身。

"我这个卑微污秽的铺子,也许能提供你想要的东西,流浪者中的佼佼者。"他一边说,一边挑剔地看着陌生人身上那脏兮兮的沙漠长袍,鼻翼上斑驳生锈的饰钉,以及头上那条破烂的头巾。

"不只是污秽,了不起的卖地毯的伙计。"陌生人附和道。他用破地毯的一头指向贾迈尔,后者正在一堆蓝色的烟雾里烤鱿鱼。"难道你邻居那令人景仰的营生没有渗透进你那些货物里,甚至滋生出一种弥久不散的章鱼味?"

阿卜杜拉怒火中烧，但不得不恭顺地搓着双手，以掩盖自己的怒气。他不该提这档子事。一丁点儿的鱿鱼味或许还叫这陌生人想要出手的货沾光了呢，他一边想一边看着陌生人手里那张毯子，颜色单调，又破又旧。

"您谦卑的仆人我，已小心地将铺子内部用上好的香水熏过了，智慧之王。"他说，"即便如此，大王您那嗅觉夸张的鼻子，也许会允许您给我这赤贫的买卖人看下货吧？"

"那当然，哦，马鲛鱼里的百合花。"陌生人反驳道，"我为什么还站在这里？"

阿卜杜拉不情愿地打开帘子，引陌生人走进他铺子。他打开悬在屋子中央柱子上的灯，用鼻子嗅了嗅，决定不为此人浪费熏香。屋内昨天熏香留下的余味就够浓了。"你有什么宝贝要展示给我这双微不足道的眼睛看？"他半信半疑地问道。

"看这儿，讨价还价的买家。"这人说着，单臂灵巧地向前一推，地毯就在地板上摊开了。

阿卜杜拉也能这么做，地毯商人学过这些东西，他不为所动。他把双手插进袖管里，谨慎而谦卑地查看起物品来。地毯不大，摊开来比他想象的还要破旧，如果大部分没有被磨损掉，花式还算别致。但现在剩下的就是脏，而且边缘还都破损了。

"哎，我这个可怜的商人，只能为这张最有装饰性的地毯出三个铜板。"他评论道，"我那小小的荷包内容有限，世道又艰难。哦，驼群领队，无论如何，价格可以接受吗？"

"我要五百。"陌生人说道。

如果你不知道该买什么书
就来这款关注公众号

书单来了

公众号：shudanlaile

关注后，回复数字，即可查看相关书单。

1. 25本小说陪中国人走过这了坎坷岁月
2. 5本足够治愈你心的书，有晴天和你
3. 等级千千万，一定要做到你没有的这5本书
4. 这5本书，都是各有领域的经典之作
5. 我要学什么书，能够让我为之疯狂？
6. 情绪低落的时候，就看这5本书
7. 这5本小说，我打赌你一本都没看过
8. 十几亿要走漏的人，九个都读这5本书
9. 值大师的巅峰之作，将看使让你更是懂难
10. 这5本书为你单独挑选，定律滑让你热一爱

· · · · · ·

发电有500万年轻度10份小伙伴！
等你来哦！

"什么？"阿卜杜拉说。

"金币。"陌生人添上一句。

"沙漠众强盗的王，您一定很乐意开玩笑吧？"阿卜杜拉说，"或者，看我这小摊位除了烤鱿鱼味啥也没有，想另外找有钱的买主？"

"并非如此，"陌生人说，"但如果你不感兴趣，我会离开。哦，腌鱼的邻居，它无疑是条魔毯。"

阿卜杜拉以前听说过魔毯的事。他双手交叉并鞠躬。"毯子的好处有很多，各不相同，"他同意道，"沙漠诗人说的是哪一种呢？它会在帐篷外面候你回家？它会带来炉灶平安？"他说着提示性地用一只脚趾戳着破损的边缘，"还是传说中的永不磨损？"

"它会飞，"陌生人说道，"它能飞往主人想去的任何地方，哦，小心眼里的小心眼。"

阿卜杜拉抬头看着陌生人阴沉的脸，沙漠在他的两颊上面刻下了深深的褶子，冷笑让这些纹路变得更深了。阿卜杜拉发觉自己对此人的讨厌程度不亚于对父亲大老婆的表兄。"你必须证明给我看。"他说，"如果这毯子真有你说的那么神，哦，谎言之王，我们再来谈价格。"

"我很乐意。"说着这个高个男人站上了地毯。

正在此时，隔壁烤鱼店上演了惯有的闹剧，也许是一些街头小子想要偷鱿鱼。至少，贾迈尔的狗突然狂叫起来，各色人等包括贾迈尔开始大声嚷嚷，而这人声和狗吠声又几乎被锅子的碰撞声和热油的噼噼声所淹没。

诈骗是赞泽堡的一种生活方式。阿卜杜拉不允许自己对陌生人和地毯有片刻分神。很有可能，陌生人买通了贾迈尔来转移他的注意力。他经常提到贾迈尔，好像贾迈尔很让他挂心。阿卜杜拉的眼睛死死盯着高个男人的身躯，尤其是那双在地毯上的脏脚。但他用眼角余光观察男人的脸，发现男人的嘴唇在动。尽管隔壁很吵，他还是敏锐地捕捉到了几个字："升高两英尺。"地毯稳稳地从地板升起，他看得更仔细了，地毯盘旋到了阿卜杜拉膝盖的高度，因此陌生人的破头巾没怎么蹭到铺子的屋顶。阿卜杜拉查找毯子底下的支撑棒，搜寻有可能被巧妙地钩在房顶上的线。他把灯提在手上，又转了一圈，让灯光把毯子的上上下下都照个遍。

陌生人抱着双臂站着，当阿卜杜拉进行这些检查时，他一脸冷笑。"看见了吧？"他说，"最最疑神疑鬼的人，现在相信了吧？我是站在半空中，还是没有？"他不得不喊道。隔壁的吵闹声仍旧震耳欲聋。

阿卜杜拉不得不承认，他找不到任何支撑地毯的东西，地毯看上去是凌空的。"差不离了，"他大声回答道，"接下来要展示的是——你下来，让我坐到地毯上去。"

男人皱了皱眉："为什么要这样？是哪根神经让你不相信亲眼所见，哦，疑心鬼之王？"

"地毯可能只认你。"阿卜杜拉喊道，"就像有些狗那样。"贾迈尔的狗还在门外咆哮，所以他很自然地就想到这个例子。贾迈尔的狗除了主人，谁碰它，它就咬谁。

陌生人叹了口气。"下来。"他说道，地毯轻轻地降到了地上。陌生人走出地毯，站在对面冲阿卜杜拉鞠了一躬，"现在你来试试吧，精明大王。"

带着极大的兴奋，阿卜杜拉踏上地毯。"升高两英尺。"他对它说——差不多是在喊了。听上去似乎是城市监察队的巡警赶到贾迈尔的铺子了，他们正在操家伙，并大声盘问出了什么事。

地毯听从阿卜杜拉的，噌地一下，稳稳升高了两英尺。阿卜杜拉站立不稳，赶紧坐下。毯子坐上去相当舒服，就像是一张结实的吊床。

"这点雕虫小技已经得到证实了，"他对陌生人承认道，"你再说个价吧，哦，慷慨的典范？二百银元？"

"五百金币。"陌生人说，"让地毯下来，我们来谈价格。"

阿卜杜拉对地毯说："下来，到地板上。"地毯照做了，由此悬在阿卜杜拉心头的一丝疑虑打消了，他疑心自己第一次踏上地毯时，陌生人另外说了些什么，而这些话被隔壁的吵闹声盖过了。他站身起来，开始讨价还价。

"我这荷包里最多只有一百五十个金币。"他说道，"那已经是我把荷包翻了个底朝天，倾囊而出了。"

"那你得在另一个钱包里找找，或者到床垫子底下翻翻。"陌生人答道，"我慷慨的底线是四百九十五个金币。如果不是急着等钱用，我是不会卖的。"

"我可以从我左脚的鞋底里，再挤出四十五个金币。"阿卜杜拉回答道，"那是我备着救急的，我就这么点儿家底了。"

"查查你的右鞋底。"陌生人回答道，"又会有四十五个金币。"

讨价还价就这样继续着。一小时后，陌生人带着两百一十个金币离开了铺子，只留下阿卜杜拉这个开心的魔毯新主人——毯子尽管破旧但似乎是真的。不过他仍旧有些怀疑，他不相信有谁，哪怕是个穷困潦倒的沙漠流浪人，会以低于四百金币的价格放弃一张真正会飞的魔毯！虽说毯子破得不成样子，但它太有用了——比一头骆驼还管用，因为它不需要喂食——而一头好的骆驼起码值四百五十个金币。

这里头有陷阱。阿卜杜拉听说过一个把戏，通常用在马和狗身上。有人以超低价向老实巴交的农民或猎人兜售上好的牲口，并谎称是因为被逼到山穷水尽才出此下策的。开心的农民（或猎人）晚上就把马拴到马厩里（或把狗关进狗屋里）。到了早上，牲口就不见了。因为它们受过训练，会趁夜挣脱笼头（或项圈）跑回自己的主人那里去。

对阿卜杜拉来说，一张温顺的地毯也可以被训练做同样的事。所以他在离开铺子前，用了整整一卷麻绳仔细地将魔毯绑在一根梁柱上，然后再将麻绳另一头系在墙根边的铁桩子上。

"我想那样你就很难逃脱了。"他对魔毯说，然后走了出去，查看隔壁食品铺子的状况。

食品铺子现在很安静，也很干净。贾迈尔坐在柜台上，伤心地抱着他的狗。

"出什么事了？"阿卜杜拉问。

"一些贼孩子把我的鱿鱼全弄洒了。"贾迈尔说，"我一天的存货都在地上了，没了，全没了。"

阿卜杜拉因为刚得了个大便宜，很是开心，因此给了贾迈尔两个银币，让他再去进些鱿鱼来卖。贾迈尔对此感激涕零，拥抱了阿卜杜拉。他的狗非但没咬阿卜杜拉，反而舔了他的手。阿卜杜拉微笑了，生活是美好的。他吹着口哨离开铺子，准备晚上吃顿好的，这会儿狗会帮他看铺子。

当晚霞将那片映衬着赞泽堡市穹顶和尖塔的天空染红时，阿卜杜拉回来了，嘴里仍旧吹着口哨，满脑子盘算着如何把魔毯卖给苏丹王本人，那样好卖个大价钱。他发现魔毯原封不动还在老地方。洗漱的时候他想，或者把魔毯兜售给高官大臣会更好？假如高官大臣正想给苏丹王送一件这样的礼物，那么，他可以把价钱开得更高些。他正琢磨着这魔毯是多么值钱时，那个有关受过调教的马匹会自己挣脱缰绳逃跑的传闻又开始让他心烦意乱起来。换上睡袍，他脑子里已浮现出魔毯挣脱绳索重获自由的情形了。魔毯又旧又软滑，很可能训练有素，从麻绳里溜走的可能性极大。就算魔毯不会离开，这种忧虑也会让他彻夜难眠。

最后，他仔细地割掉了麻绳，把毯子铺在他那些最贵重的毯子之上——通常他是把这些毯子当床来睡的。然后他戴上睡帽——这个很必要，因为从沙漠吹来的冷风会将铺子灌满穿堂风——盖上毯子，吹灯睡觉。

第二章

阿卜杜拉被当作女人

他醒来发现自己躺在堤岸上,毯子仍在身体底下,四周是一座超乎自己想象的漂亮花园。

阿卜杜拉确信这是个梦。这就是那个他曾在白日梦里试图想象的花园,但当时梦被陌生人粗暴地打断了。此时,月亮几近圆满,高高地悬挂在空中。洁白的月光洒落在身旁草地上一百朵芬芳的小花上。圆圆的黄灯笼被悬挂在树上,驱散了月光带来的浓重黑影。阿卜杜拉觉得这个照明法子很是让人愉悦。借着月光和灯光,他能看见一座布满藤蔓的拱廊被架在一根根精美绝伦的廊柱之上;在他所处的草地之外,有隐秘的流水在静静流淌。

这个地方如此神奇,就如同天堂一般。阿卜杜拉起身去寻找那看不见的流水。沿着拱廊走去,一路上星星点点的花朵拂过他的脸庞。在月光下的照射下,钟铃般的花朵寂静而洁白,释放出最最令人陶醉的柔和芬芳。就如人们在梦境中所做的那样,阿卜杜拉兴致勃勃地在这里拨弄一下洁白的大百合花,然后又绕行到那边的一片蔷薇谷地。他从没做过如此美丽的一个梦。

他发现,那流水不过是另一块草坪上的一个大理石喷泉,被挡在一些滴着水珠的羊齿状的灌木后面,经树上那些灯笼的照耀,水池里波光潋滟,泛起了一轮轮金色和银色的新月,叫人惊叹。阿卜杜拉不由自主地朝它走去。

在他所有最好的梦里,要让他这份喜悦变得圆满只需一件事,而此刻它就在那里。一位极可爱的女孩,正穿过草坪来见他。她光着脚,轻盈地走在湿润的草地上,薄薄的衣衫飘动,显露出苗条而非瘦弱的身姿,跟阿卜杜拉白日梦里的她一个样。当她走近时,阿卜杜拉发现公主的脸并不是他梦中的那种标准鹅蛋形,又大又黑的眼睛一点儿也不迷离。事实上,这双眼睛正敏锐地打量着他的脸,明显对他很感兴趣。阿卜杜拉赶紧调整他的梦,因为她的美是毋庸置疑的,说话的声音也正是他所期望的,轻盈欢快,如同喷泉水,而且真真是人发出的声音。

"你是新来的仆人吗?"她说。

梦境里,人们通常会问奇怪的事情,阿卜杜拉想。"不,我幻想的杰作。"他说道,"我是一个遥远国度国王失散的儿子。"

"哦。"她说,"可能那就是区别。也就是说,你和我是不一样的女人啰?"

阿卜杜拉盯着这个梦中的女孩,多少有些迷惑,"我不是女人!"他说。

"你确定吗?"她问,"你穿着女人的裙子。"

阿卜杜拉往下一看,发现梦中的他正穿着睡袍。"这不过是我奇特的外国装束罢了,"他匆忙说道,"我真正的国家离这儿很远。我向你保证,我是男人。"

"哦,不。"她果断地说,"你不可能是男人。你的样子不对。男人整个儿要比你粗壮两倍,腹部凸出来的那坨脂肪,叫作将军肚。他们脸上长满了灰色的毛发,而头顶上啥也没有,只有光光的头皮。你的头上和我一样有头发,脸上却几乎啥也没有。"对此,阿卜杜拉愤愤不平地用手去碰上嘴唇上方的那六根毛,于是她问:"你那帽子底下也是光光的头皮吗?"

"当然不是。"阿卜杜拉说,他非常自豪于自己浓密而微卷的头发。他伸手摘掉了头上的睡帽。"瞧。"他说。

"哈。"她说,可爱的脸上一脸疑惑,"你的头发几乎和我的一样漂亮。我不明白。"

"我也不明白。"阿卜杜拉说,"是不是你没见过多少男人?"

"当然没有。"她说,"别傻了——我见过的男人只有我父亲。但我经常见到他,所以我知道男人长什么样。"

"但——难道你根本不出去?"阿卜杜拉无可奈何地问。

她大笑:"我出去,我现在就在外面。这是我的夜花园。我父亲建了这座花园,这样我的容貌不会因阳光曝晒而受损了。"

"我的意思是外出去集市,见见所有的人。"阿卜杜拉解释道。

"哦,不,还没有。"她承认道。好像那有些让她不安,她从他身边挪开去,坐在了喷水池的边沿上,转头看着他说道:

"父亲告诉我,等我结婚后,如果我丈夫允许,我有可能出去集市看看,当然不是这里的集市。父亲安排我嫁给欧芹斯坦的一位王子。当然在那以前,我必须得待在这围墙以内。"

阿卜杜拉听说过赞泽堡一些有钱人将女儿——甚至妻子——像关犯人一样关在大宅子里。他很多次想,如果有人能像那样将他父亲大老婆的姐姐法蒂玛关起来就好了。但现在,在这个梦境里,这个习俗对他来说完全不合理,对这个可爱的女孩来说,完全不公平。想想看,她居然不知道一个正常男人长什么样!

"恕我多问,这位欧芹斯坦的王子该不会又老又丑吧?"

"嗯,"她说,显然不是很确定,"父亲说他正当壮年,就像我父亲一样。但我认为,问题出在男人的野蛮本性上。父亲说,假如另一个男人在王子之前见到我,会立马爱上我,并将我带走,这自然会毁了我父亲所有的计划。他说,大多数男人都是大色狼。你是色狼吗?"

"绝对不是。"阿卜杜拉说。

"我想也不是。"她说,然后抬头关切地看着他,"在我看来你不像是色狼。这让我确信你不可能是个男人。"显然,她是那种一旦认准了一个理,就会一条道走下去的人。想了一会儿,她问:"有没有可能,也许,你家里人出于某种原因,从小到大没告诉你真相呢?"

阿卜杜拉本想说,情况正好相反。但他觉得,那样说很不礼貌。于是他仅仅是摇了摇头,心中暗想,她为他如此担忧,心地是多么宽厚啊,脸上的担忧之色,反让她显得更为美丽动人——更不用提,在泛着金光银光的喷泉水的映衬下,她那双饱含同情、闪闪动人的大眼睛了。

"也许这和你来自一个遥远国度有关。"她说,拍着她身边的喷泉沿边,"坐下来告诉我。"

"先告诉我你的名字。"阿卜杜拉说。

"是个相当傻的名字。"她不安地说,"我叫夜之花。"

对一个梦中女孩来说,这个名字非常合适,阿卜杜拉想。他仰慕地低头看她。"我叫阿卜杜拉。"他说。

"他们甚至给你起了一个男人的名字!"夜之花愤愤不平地叫道,"坐下来告诉我。"

阿卜杜拉挨着她在石沿上坐下,心想这个梦很真切。石头是凉的,喷泉的水溅出来渗到他的睡衣里。夜之花身上甜美的玫瑰香水味竟如此真切地融合在花园的芬芳里。但这是在做梦,他的白日梦在这里成了真。因此,阿卜杜拉告诉她自己做王子时所住的宫殿,他是如何被卡布尔·阿客拔绑架并逃到沙漠,地毯商人在那里发现了他。

夜之花满怀同情在听。"多可怕!多折磨人!"她说,"是不是你养父和绑匪合伙来欺骗你呢?"

尽管是在做梦,但阿卜杜拉越来越感到,自己是在用欺骗博取她的同情。他赞同说父亲也许是被卡布尔·阿客拔买通了,然后转换了话题。"我们来谈谈你父亲和他的计划。"他说,"我觉得有些不妥,你没见过其他可作比较的男人,就要嫁给欧芹斯坦王子,你怎么知道自己是否爱他呢?"

"你说得对。"她说,"有时我也为此担忧。"

"那我告诉你,"阿卜杜拉说,"假如明天晚上我再来,能把所有我能找到的男人画像带给你么?那会给你一些跟那位王子作比较的标准。"不管是不是做梦,阿卜杜拉确信他明天会再来。这让他有一个合适的借口。

夜之花两手抱住膝盖,前后摇晃着身体显得犹疑不定,她在考虑这个提议。阿卜杜拉几乎能看见,她脑海里正闪过一排排有灰白胡子的秃顶胖男人。

"我向你保证。"他说,"有各种高矮胖瘦的男人。"

"那会很有帮助。"她同意道,"至少给了我一个再次见到你的理由。你是我所见过的最善良之人中的一个。"

这让阿卜杜拉对明天要再来的想法更为坚定了。他告诉自己,让她处于这样一种无知的状态很不公平。"我对你的看法也是一样。"他害羞地说。

令他失望的是,夜之花听他说完后,起身要走。"我现在必须进去了。"她说,"首次会面不能超过半小时,我几乎可以肯定,你已经待了两倍长的时间了。现在我们已经彼此认识了,下次你可以待上两个小时。"

"谢谢你。我会的。"阿卜杜拉说。

她微笑着,像梦一样离开了。她离开喷泉,消失在开着花的灌木丛后。

之后,花园、月光、花香似乎都黯然失色。阿卜杜拉想不出什么其他可干之事,只能沿着来时的路往回走。那里,在月光照射的堤岸上,他找到了魔毯。他完全把它给忘了。但因为还在梦里,他就躺了上去,并睡着了。

几小时后他醒来，耀眼的日光从铺子的缝隙里钻进来。残留在空气里的隔夜熏香让他觉得廉价而窒息。事实上，整个铺子又旧又脏，而且不上档次。昨晚睡帽似乎掉了，因此他耳朵很痛。但至少在找睡帽时他发现魔毯还在身子底下，昨晚它并没溜走。在被沉闷而压抑的现实生活当头棒喝后，至少这一点令他感到欣慰。

贾迈尔对那两个银币仍旧心怀感激，在门外大喊，他准备了两个人的早餐。阿卜杜拉高兴地掀起商铺的帘子。公鸡在远处报晓，天湛蓝湛蓝的，强烈的太阳光柱穿过蓝色的烟尘和残留的熏香照进铺子里。即使在强光下，阿卜杜拉仍然没有找到睡帽。他更沮丧了。

"告诉我，在某些日子的某个时刻，你曾没来由地不开心过吗？"他和贾迈尔一起坐在外面的太阳底下，跷着二郎腿吃早餐，他问贾迈尔。

贾迈尔温柔地给他的狗喂了一块糖饼。"要不是你，今天我本该不开心的。"贾迈尔继续说，"我想，有人买通了那些讨厌鬼来偷东西。他们做得很彻底。最重要的是，巡警还罚了我。我有说过吗？我想我得罪人了，我的朋友。"

虽然，这番话使得阿卜杜拉对卖给他魔毯的陌生人更加心存疑虑，但也无济于事。"也许吧，"他说，"你得当心，别让你的狗随便咬人。"

"不是我让的。"贾迈尔说，"我是个信仰自由意志的人。如果我的狗选择憎恨除我以外的所有人，那么它当然有这么做的自由。"

早餐后，阿卜杜拉再次寻找睡帽，但就是找不着。他试着仔细回想最后一次自己戴着睡帽的情形，那是昨晚他躺下睡觉，并想着要把魔毯卖给高官大臣之时。那之后，梦就来了。他发现自己那时戴着睡帽。他记得自己取下帽子，让夜之花（多可爱的一个名字！）看他是不是秃顶，他一直把睡帽拿在手中，直到他在夜之花身旁的喷泉边沿坐下。那之后，他讲述自己被卡布尔·阿客拔绑架的经历，他清楚地记得自己在讲话时，双手自由挥舞，睡帽不在任何一只手上。他知道，东西的确就那样在梦里消失了，但所有证据都表明，睡帽是在他坐下时掉的。是否有可能，他将它掉在了喷泉旁边的草地上？那样的话——

阿卜杜拉一动不动地站在铺子中央，盯着太阳光线。说来也怪，它看上去不再充满了肮脏的灰尘粒和隔夜的熏香味，相反，它纯粹是来自天堂的金光。

"它不是梦！"阿卜杜拉说。

不管怎样，他的沮丧一扫而空，呼吸也畅快了。

"它是真的！"他说。

他走到魔毯边站着，若有所思地看着它。它也曾在那个梦里。这样的话——"可以断定，是你在我睡着时把我送到了某个有钱人的花园。"他对着魔毯说，"因为我那时很有可能正在做花园的梦，也许，是我在睡梦里和你说话，并命令你那样做的。你简直比我想象的还要有价值！"

第三章

夜之花发现真相

阿卜杜拉仔细地将魔毯绑到柱子上然后就去了大集市,在众多摆摊的画家里物色技艺最高超的那位。

按照惯有的礼节,阿卜杜拉称呼画家为笔中之王、画界泰斗;而画家回敬阿卜杜拉为顾客之神,独具慧眼。阿卜杜拉说:"我想买你这辈子见过的所有男人的画像,不论高矮胖瘦,是何身份。给我画国王、乞丐、商人和工匠。胖的、瘦的、年轻或年老的,英俊或丑陋的,也包括相貌平平的。如果这些人中,有些你没见过,那么,画界之翘楚,我请你运用一下想象力。如果你想象不出来,哦,画者中的神来之笔,我觉得这对你来说不太可能,那么你只需抬眼看看这外面的世界,盯着它照样临摹就可以了。"

阿卜杜拉伸出一条手臂,指着大集市里熙熙攘攘的购物人群。他一想到,这么稀松平常的景致,夜之花居然这辈子从未见过,就难过得想掉眼泪。

画家不解地捋了一下杂乱的胡子。"当然，人中之杰。"他说，"这个对我来说不难。不过，智者中的聪明人，能否让我这不才的画匠知道，你要这些画像做什么？"

"画者之王为什么想知道这个？"阿卜杜拉问，相当惊讶。

"主顾中的大主顾，你当然会理解，不才的我得知道用什么材质来作画。"画家回答道。事实上，他只是对这个最不寻常的订单感到好奇。"我是要在木头或帆布上画油画，还是在纸或牛皮纸上画素描，或在墙上画壁画，这取决于尊贵的大主顾您要拿这些画像做什么。"

"啊——请用纸。"阿卜杜拉急忙说道。他不想将和夜之花会面这事公之于众。夜之花的父亲显然是个非常富有的人，他一定会反对一个年轻地毯商人给他女儿看除欧芹斯坦王子以外的男人。

"这些画像是给一个不能像普通人一样在外面行走的人看的。"

"那样的话，你就是一个大慈善家。"画家说，并答应接下这宗数量惊人的肖像画买卖。"不，不，幸运之子，不用谢我。"当阿卜杜拉想表示感谢之情时，画家说道，"我有三个理由。首先，平时我自己为了好玩，已经画了很多这类的画像，就是你不来买，我也已经画了，如果问你收这些画的钱是不厚道的。其次，你给我的任务，比我平时的工作要有趣十倍。我为年轻女孩们画像，替她们的新郎画像，也画马匹和骆驼，所有这些，我都得抛开事实去进行美化。此外，给那一排排的黏人的孩子画像，一样也得美化现实，因为父母都希望自己的孩子看上去像天使。最后,是因为我觉得你疯了,我最最尊贵的客人,剥削你会非常不吉利的。"

很快,消息传遍了整个大集市,年轻的地毯商人阿卜杜拉失去了理智,要购买所有出售的画像。

这让阿卜杜拉苦不堪言。这一天,不断有长篇大论、花言巧语的访客来打扰他,都声称要不是因为贫困,是绝不会出此下策卖画像的。这些画像里有祖母的肖像,有碰巧从车后头跌落的苏丹王御用比赛骆驼的画像,或者镶在吊坠里的姐妹画像。阿卜杜拉花了好些时间去打发他们——有那么几次,只要画像上是个男人,他也买下个一幅两幅,这样一来,使得访客更加络绎不绝。

"就今天一天。我收购画像到今天太阳落山前为止。"最后,他对聚拢来的人群说道,"所有卖男人画像的在日落前一小时赶到我这里,我会买。只在那个时候。"

这样一来,他有了几小时的空闲来测试魔毯。他到现在还怀疑,那次夜花园之行会不会只是一个梦,因为魔毯不会动了。早饭后,很自然的,阿卜杜拉要求魔毯升高两英尺,想再试试它会不会飞,但它躺在那里纹丝不动。从画家的铺子回来后,他又试了一次,但魔毯还是一动不动。

"也许是我没有好好待你的缘故。"他对魔毯说,"你不顾我对你的怀疑,一心一意地留在我身边,而我回报你的,却是把你捆绑在柱子上。如果我让你自由地躺在地板上,你是否会觉得好些呢,我的朋友?"

他把魔毯铺在地上,但它还是不动。也许它就只是一张破旧的炉边地毯而已。

在人们纠缠他买画的间隙，阿卜杜拉又琢磨起来。他再次怀疑起卖给他毯子的那个陌生人来，还有就是，在陌生人命令魔毯升起的那刻，碰巧从贾迈尔铺子里爆发出的那声巨响。他回忆起，曾看到陌生人的嘴唇动了两下，但没听见他说什么。

"就是这样，"他叫道，砸了一下拳头，"要说个口令，魔毯才会动。出于某种——无疑是极其阴险的原因——这个人没告诉我口令。这个恶人！我一定是在睡梦中说出了这个口令。"

他冲到铺子后面，翻出那本读书时用过的破字典，然后站在魔毯上，叫道："土豚[1]！请起飞！"

啥也没发生。然后他尝试了所有由字母 A 开头的单词。接着，他尝试字母 B 打头的单词。没用。他再继续，一直翻遍了整本字典。由于不断有卖画像的人来打断，这着实花了阿卜杜拉不少时间。到傍晚时，阿卜杜拉都说到字母 Z 打头的"酿造学"了，魔毯还是纹丝不动。

"那一定是个自创的单词，或外来单词！"他兴奋地叫道。如果那样，不如相信夜之花只不过是个梦罢了。即便她是真的，现在让魔毯带他去见她的可能性也是微乎其微。他站在那里发出所有奇怪的声音，或所有他能想起的外语单词。魔毯依旧纹丝不动。

太阳下山前，阿卜杜拉再次被打断，外面聚着一大群人，带着或圆或扁的包裹。画家带着画夹子不得不扒开人群走进里

---

[1] 土豚，原文为aardvark，字母A开头。下文中的"酿造学"，原文为zymurgy。——编者注

面来。接下来的一小时,阿卜杜拉忙得不可开交,他一一检查那些画像,回绝掉阿姨或母亲的画像,对那些品质拙劣又漫天要价的外甥画像就地还价。在他规定的那一小时里,除了画家的一百幅优质画像,他还收到了八十九幅画像,包括吊坠、素描,甚至是一块带肖像的墙皮。

现在,购买魔毯(假如它真有魔法)后所剩的钱,几乎都让他花在购买画像上了。这时,有人声称他第四个老婆母亲的油画像,足可以当成男人的画像来卖,阿卜杜拉明确告诉他不行,把他推出了门外。天已经黑了,他太累了,都没力气吃饭了。如果不是贾迈尔带着嫩肉串进来,他已经上床睡觉了。刚才贾迈尔一直在卖点心给等候在外的人群,生意做得很是红火。

"我不知道你中了什么邪。"贾迈尔说,"我一直认为你很正常。但不管是不是中邪,饭总是要吃的。"

"别再说什么疯不疯的。"阿卜杜拉说,"我只不过决定转行罢了。"但他把肉吃了。

他终于得以把一百八十九张画像摞到一起,并放到魔毯上面,然后自己躺在那些画中间。

"现在,听着。"他告诉魔毯,"如果我睡着时碰巧说出了口令,你必须立刻把我带到夜之花的花园。"他能做的也就只有这个了。过了好久他才睡着。

他在梦幻般的野花香中醒来,有一只手在轻轻地推他。夜之花俯身探向他。阿卜杜拉见她比自己记忆中的模样更为娇俏动人。

"你真的把画像带来了。"她说,"你真好。"

"我成功了,阿卜杜拉得意地想。"是的。"他说,"我带了一百八十九种男人的画像来,我想至少可以给你一个大致的概念。"

他帮她取下一些黄灯笼,在河岸上摆成一个圈。然后阿卜杜拉给她看那些画像,先拿着就着灯光看,看完后再把画像竖起来沿河岸摆放。他开始觉得自己像个马路画家。

夜之花看了每张阿卜杜拉让她看的男人肖像,绝对公正和全神贯注。然后,她拾起一盏灯,把画家所画的画像又从头到尾看了一遍。这让阿卜杜拉很高兴。画家真是称职,他完全遵照阿卜杜拉的要求,各类人物画得一应俱全,从英勇霸气的大人物,到市场里擦鞋的驼背,这中间甚至还夹了一幅自画像——而那个大人物显然是临摹自一尊雕像。

"是的,我明白了。"最后夜之花说道,"正如你说的,男人和男人确实有很大不同。我父亲根本不是典型,当然你也不是。"

"你承认我不是一个女人了?"阿卜杜拉说。

"我之前那样认为不是有意的。"她说,"我为自己的错误道歉。"然后她拿着灯沿着河岸,把一些画像又看了一遍。

阿卜杜拉相当紧张地注意到,她把最英俊的那些挑拣出来。他观察到,她微微皱着眉,一缕黑色卷发悬在额前,非常专注地俯身察看。他开始怀疑自己干了件蠢事。

夜之花把这些画收拢,整齐地叠放在岸边,说:"和我之前想的一样,这些画像里的每一个男人都不如你。这些人,有的看上去自命不凡,有的则看上去自私又残忍,而你善良而又温文尔雅。我想让父亲将我许配给你,而不是那个欧芹斯坦的王子。你介意吗?"

花园似乎在阿卜杜拉身边转动起来,一片金色、银色和暗绿色。"我——我想,那可能行不通。"他最后终于说出口。

"为什么不?"她问,"你结婚了吗?"

"不,不。"他说,"不是那样。法律规定,只要负担得起,一个男人可以娶很多妻子,但——"

夜之花又开始皱眉。"一个女人可以有几个丈夫?"她问。

"只有一个!"阿卜杜拉回答道,对她提出的问题相当吃惊。

"那很不公平。"夜之花沉吟道。她坐在河岸上并沉思,"你说有没有可能,那个欧芹斯坦王子已经有好几个妻子了?"

阿卜杜拉看见她的眉头蹙得更紧了,右手那纤细的手指几乎是愤怒地在拍打着草皮。他知道自己真的是捅娄子了。夜之花已经察觉到,一直以来父亲对她隐瞒了一些非常重要的事实。"如果他是个王子,"阿卜杜拉相当紧张地说,"我想他很可能已经有好几位妻子了。没错。"

"那么,他就是贪婪之人。"夜之花说,"我没什么过意不去的。但为什么你说我嫁给你不行,你昨天说起过,你也是一位王子。"

阿卜杜拉感到脸红的发烫,他恨自己对她胡扯那个白日梦。虽然他告诉自己,讲述白日梦时,他百分之百确信是在做梦,但这么想一点儿也没有让他感觉好受些。"是的。但我也告诉过你,我现在是流落在遥远异国的普通百姓。"他说,"你可以想象,我现在在赞泽堡的大集市里卖地毯,不得不靠低贱的营生过活。而你父亲无疑是个富人,他不会认为我配得上他的门第的。"

夜之花极其愤怒地敲打手指。"听你所言,好像是我父亲想要嫁给你。"她说,"这有什么关系?我爱你,你不爱我吗?"

她说这话时,看着阿卜杜拉的脸。阿卜杜拉也看她的脸,看着那双永远又大又黑的眼睛。他不由得说:"我爱你。"夜之花笑了,阿卜杜拉也笑了。于是花前月下,海誓山盟。

"你走的时候,我和你一起走。"夜之花说,"因为关于我父亲的态度,你很可能说对了。所以我们必须得先结婚,然后再告诉我父亲,那样他就没什么好说的了。"

阿卜杜拉和富人们打过些交道,但愿这事可以成。"事情可能没那么简单。"他说,"实际上我想的是,咱们唯一可行的办法是离开赞泽堡。这应该不难,我碰巧有张魔毯,它就在河岸上,是它带我来这里的。倒霉的是,它需要一个口令才能启动,而我只有在睡梦里才记得这个口令。"

夜之花拾起一盏灯,举得高高的,那样可以察看魔毯。阿卜杜拉看着,暗自倾慕她弯腰时的优雅。"它看上去很旧了。"她说,"我读过有关魔毯的记载。口令有可能是一个极为普通的单词,但用的是老式发音。我读过的资料显示,这些魔毯通常是在紧急状况下被使用的,所以这个词不会太生僻。你何不仔细地告诉我你所知道的一切,合我们二人之力,应该能够把它想出来。"

从这阿卜杜拉意识到,除了一些认知上的空白,夜之花真是又聪明又有学识。他更仰慕她了。他告诉她自己知道的一切,有关魔毯的每个细节,包括由于贾迈尔铺子里的喧嚣声使得他没有听清楚口令。

夜之花听着,每听到一个细节就点点头。"那么,"她说,"我们先不管为什么有人卖给你一张真正的魔毯,但又确保你不能使用,这种做法真的很古怪。我觉得我们可以稍后再去想这其中的缘由,我们先想想魔毯做了什么。你说,你命令它下来,它就下来了。陌生人说什么了吗?"

她精明而又富有逻辑,他真是找着了女人中的极品,阿卜杜拉想。"我很确定,他没说什么。"他说。

"那么,"夜之花说,"口令只用于让魔毯飞起来。这样的话,我看有两种可能。第一种可能,不论在哪里,在落地以前它会按照你说的做。第二种可能,它在回归原位以前,会按照你的吩咐行事——"

"那容易证明。"阿卜杜拉说。他对她的逻辑仰慕得有些忘乎所以。"我想第二种可能是正确的。"他跳上魔毯,兴奋地叫道,"起,回到我的铺子!"

"不,不,别,等一下!"夜之花同时叫道。

但为时已晚。魔毯飞速旋转到半空中,离开了人行道,如此突如其来,让阿卜杜拉摔了个脸朝天,吓得没声气了。接着他发现自己半个身子悬挂在磨损的魔毯边缘外,且在一个可怕的高度上。他刚想缓口气,嗖嗖的风让他大气不敢喘一口。所能做的就是死死抓住一端的流苏。在爬上魔毯之前,他哪敢开口说话。魔毯一个俯冲——让阿卜杜拉刚刚放下的心又被抛到了空中——冲过铺子的门帘——阿卜杜拉被吓个半死——最终，稳稳地着陆在里边的地板上。

　　阿卜杜拉仰面喘息，隐隐记得在满天星斗的夜空里有塔楼在他身边晃过。一切发生得如此之快，他唯一能想到的就是铺子离那个夜花园相当近。当他回过神来时，真想踹自己，自己干了件多么蠢的事。他起码得等夜之花踏上地毯之后再离开。现在夜之花的逻辑告诉他，除了再次入睡，没有别的办法可以回到她那里。他希望自己再一次碰巧在睡梦中说出口令。他之前已经做到过两次了，他相当肯定可以照样再来一次。他甚至确信，夜之花一个人已经破解出了口令，并在花园里等着他。她就是智慧的化身——女人中的极品。她会期盼他在大约一小时之内回去的。

　　一小时里，阿卜杜拉不是责备自己，就是赞美夜之花，终于睡着了。但他醒来时，他仍旧脸朝下睡在自己铺子中央的魔毯上。贾迈尔的狗在外面叫唤，是狗叫声吵醒了他。

　　"阿卜杜拉！"父亲大老婆的侄子在门外喊道，"你睡醒了吗？"

　　阿卜杜拉低声抱怨，生活总是这么不尽如人意。

第四章

有关婚姻和预言

阿卜杜拉想不出哈肯木来做什么。父亲大老婆的亲戚通常每月只来一次,他们两天前刚刚来过。"你有什么事,哈肯木?"他不耐烦地叫道。

"当然有事找你!"哈肯木也叫道,"急事!"

"那就掀开帘子进来。"阿卜杜拉说。

哈肯木那胖胖的身躯挤进帘子里来。"我得说,如果这就是你所吹嘘的安全措施,我姑父的儿子,"他说,"我觉得不怎样。任何人都可以趁你熟睡时,闯进来吓你一跳。"

"有人来,门外的狗会通知我。"阿卜杜拉说。

"那有什么用?"哈肯木问,"假如我真是一个贼,告诉我你能做什么?用一条地毯来勒我脖子?不,你的安全措施,我看不行。"

"你想对我说什么?"阿卜杜拉问,"或者,跟往常一样,你就只为挑我毛病来的?"

哈肯木盛气凌人地自顾自在一堆地毯上坐了下来。"你一改往日的谨慎礼貌，我的姻亲表弟。"他说，"如果我表叔听见你这么说话，他会不高兴的。"

"我的行为或其他任何事情，都跟阿斯夫无关！"阿卜杜拉厉声说。他痛苦之至。他为夜之花哭泣，因为无法去找她，他对其他任何事情都没耐心。

"那我就无可奉告了。"哈肯木傲慢地说，并起身要走。

"好。"阿卜杜拉说。他走到铺子后面去洗漱。

但显然，哈肯木不把口信带到不会走。阿卜杜拉洗漱回来，哈肯木还站在那里。"你最好换件衣服，并去理个发，我的姻亲表弟。"他告诉阿卜杜拉，"就你现在这个样子，去拜访我们的商铺不太合适。"

"我为什么非得去那里？"阿卜杜拉多少有些奇怪，问道，"你们老早就告诉我，我在那里不受欢迎。"

"因为，"哈肯木说，"你出生时的那个预言，在一个被我们一直以为是装熏香的盒子里找到了。如果你打扮得体体面面地去商铺，盒子就是你的了。"

阿卜杜拉对这个预言一点儿兴趣也没有。并且他不明白为什么非要他亲自去取，哈肯木在来的时候顺便带给他不就完了？正要回绝，想到假如今晚睡觉时，他又成功说出口令（他很确信他能办到，因为之前已经成功过两次），那么他和夜之花很可能就一起私奔了。一个新郎官自然应当梳洗打扮，并换上得体的衣服。既然他得去洗澡和理发，不如在回来的路上，顺便把那个无聊的预言取回来。

"很好。"他说,"我大概在太阳落山前的两小时到。"

哈肯木皱起了眉头:"为什么这么迟?"

"因为我有事要办,我的姻亲表兄。"阿卜杜拉解释道。要私奔的念头让他高兴万分,他极其礼貌地对哈肯木微笑并鞠躬,"虽然我很忙,几乎无暇听从你的差遣,但放心,我会去的。"

哈肯木继续皱眉,离开时还扭头对阿卜杜拉皱眉。显然他既不开心,又疑惑不解。阿卜杜拉一点儿也不在意。等哈肯木走远了,他高兴地将自己手头一半的钱给了贾迈尔,让他帮忙看一天铺子。作为回报,越发心怀感激的贾迈尔,硬要他接受一份囊括了他铺子里所有美味的早餐。极度的兴奋让阿卜杜拉一点儿胃口也没有。早餐太丰盛了,为了不伤贾迈尔的心,阿卜杜拉把大部分的食物悄悄地给了贾迈尔的狗——这事他做得小心翼翼,因为这可是一条会咬人的狗。然而,这狗似乎得了主人的感激之情,它礼貌地竖起尾巴,阿卜杜拉喂它什么它就吃什么,还试着去舔阿卜杜拉的脸。

阿卜杜拉躲开了这个示好,因为狗嘴里满是隔夜的鱿鱼味。他小心翼翼地拍了拍它那颗乱蓬蓬的脑袋,谢过贾迈尔,赶紧去了大集市。他用剩余的积蓄雇了一辆手推车,往推车上装上他最好的地毯——那些欧芹斯坦的提花地毯、艳丽的尹希库地毯、金色的法克檀地毯、花色绚烂且来自沙漠深处的地毯,以及同样美丽且出自遥远国度撒亚克的地毯。他把地毯推到集市中心最大的摊位前,这些摊位通常是招呼大买卖的。兴奋归兴奋,阿卜杜拉不得不考虑得实际点。夜之花的父亲显然很富有,只有最富的人才出得起嫁给王子所需的嫁妆。所以阿卜杜拉明白，他和夜之花得远走高飞，不然她父亲会对他们不客气的。同时，阿卜杜拉也清楚，夜之花养尊处优惯了，她不会喜欢过于简陋的生活，所以阿卜杜拉必须得有钱。他对那间最大最阔气的铺子老板鞠躬行礼，并称他为商贾之典范、买卖人的龙头大佬，提出卖给他欧芹斯坦的提花地毯，并开了个天价。

这商人原是阿卜杜拉父亲的一个朋友。"想必您已经听说了，我买了很多画像及其他形式的艺术品。为了给这些东西腾地方，我必须处理掉这些最不值钱的地毯。我思量，像您这样卖上好织品的卖家，会帮助老朋友的儿子，以低廉的价格买走这条粗鄙的提花地毯。"阿卜杜拉说。

"你铺子里的那些货，我眼下实在不需要。"商人说，"我就以一半的价格买下吧。"

"最精明的人，"阿卜杜拉说，"便宜货也是需要花钱的。对您，我就让两个铜子吧。"

白天又长又热。但临近傍晚时，阿卜杜拉把那些好地毯以几乎两倍于进价的价格悉数出手。他估计，手上的钱足够夜之花过上三个月的舒服日子。再以后，他寄希望于要么情势发生改变，要么夜之花那可人的本性能让她安于贫困。他先去洗澡，接着去理发，然后去了制香的地方，让人给他涂了香油，最后回到铺子穿上最好的衣服。如同大多数商人的衣服一样，这衣服有各种巧妙的夹层。许多绣花以及装饰性穗带，其实根本不是装饰，是巧妙隐藏的钱袋子。阿卜杜拉把新近赚到的金币分几处藏好，一切就绪后，极不情愿地向父亲的老字号大商铺走去。他告诉自己，就当是消磨私奔前的这段空档时间。

踏上矮矮的雪松木台阶，进入度过大半个童年时代的地方，阿卜杜拉感觉很奇特。那气味，雪松木、香料、油滋滋的长毛地毯味，是如此熟悉。如果闭上眼睛，能想象出自己十岁时的光景——在父亲和客人讨价还价之际，嬉戏于成卷成卷的地毯后面。但是，一睁眼，幻象就不见了。父亲大老婆的姐姐，令人遗憾地喜欢亮紫色。墙壁、格子围屏、客椅、出纳台，甚至钱匣子都被漆上了法蒂玛喜欢的紫色。法蒂玛穿着同样也是紫颜色的裙子出来见他。

"怎么回事，阿卜杜拉，你来得真早，看上去真精神！"她说，好像期望他穿得破破烂烂晚点来似的。

"他看上去，就像是打扮了准备做新郎官的。"阿斯夫也上前说道，瘦削的脸上难得有好脸色，这会儿居然挂着微笑。

阿斯夫对着阿卜杜拉微笑，这太难得了。以致阿卜杜拉觉得，他是扭坏了脖子而做出的苦相。然后，哈肯木在一旁窃笑，阿卜杜拉这才反应过来阿斯夫刚才说的话，令他着恼的是，他发现自己满脸通红。他不得不礼貌地鞠躬，以免让人看见自己脸红。

"没必要让这孩子不好意思！"法蒂玛叫道。这让阿卜杜拉的脸更红了。"阿卜杜拉，谣言是怎么回事？我们听说，你突然改行做画像生意了。"她说。

"把最好的存货卖了，给那些画像腾地方。"哈肯木补充道。

阿卜杜拉不再脸红了。他发现自己是被叫来挨骂的。"我们的感情多少受了些伤害，我父亲外甥女丈夫的儿子，你好像没有想到，我们有权从你手里拿走一些地毯。"当阿斯夫带着责备的语气添上一句时，他就更确定了。

"亲爱的七大姑八大姨们，"阿卜杜拉说，"我当然不能卖地毯给你们。我是要赚钱的，我怎能对我父亲的至亲巧取豪夺呢。"他很生气，以至于转身要走，却发现哈肯木悄悄地关了门，并拉上了门闩。

"没必要声张。"哈肯木说，"家务事。"

"可怜的孩子！"法蒂玛说，"只有成家才能让这孩子懂事。"

"确实。"阿斯夫说，"阿卜杜拉，市场里有传言说你疯了。我们不喜欢这样。"

"他当然行为古怪。"哈肯木同意道，"我们不喜欢这种传言牵连到像我们这样的体面人家。"

这比往日还要过分。"我一点儿也没疯。我知道自己在干什么。我的目的就是让你们不再有机会来指责我。也许到明天就可以了。再说，哈肯木告诉我，叫我来是因为你们找到了我出生时的预言。这是真的吗？或者只是一个借口？"之前，他对父亲大老婆的亲戚们从没有这么无礼过，但他太生气了，觉得他们活该。

说来也怪，父亲大老婆的这三个亲戚非但没有生气，反在商铺里兴奋地四处忙乱起来。

"盒子在哪里？"法蒂玛说。

"去拿，去拿。"阿斯夫说，"他可怜的父亲在阿卜杜拉出生一小时后，将算命先生带到自己第二个老婆的床边，这些话就是人家的预言。他必须得看。"

"由你父亲亲笔写下。"哈肯木对阿卜杜拉说,"是你的至宝。"

"在这里!"法蒂玛说。得意扬扬地从高高的架子上拽下一个雕花木盒,她把木盒子递给阿斯夫,后者把它塞到阿卜杜拉的手中。

"打开!打开!"三个人都兴奋地叫道。

阿卜杜拉把盒子放到紫色的出纳台上,打开弹簧锁。盖子向后翻,从里面扑出来一股灰尘味,盒子内部很普通,除了一张折叠的黄纸,别的啥也没有。

"拿出来,念念。"法蒂玛说,她更加兴奋了。

阿卜杜拉不明白他们为什么如此大惊小怪,他打开纸条。上面只有寥寥几行字,棕褐色的字迹有些褪色了,但显然是父亲的笔迹。他带着字条走向吊灯。现在哈肯木把正门都关上了,商铺内通体的紫色让他看不清字迹。

"他都看不见了。"法蒂玛说。

阿斯夫说:"难怪,这里没光线了。把他带到后面的房间去,那里开着天窗。"

他和哈肯木抓住阿卜杜拉的肩膀,连推带搡地带他往店铺后面走去。阿卜杜拉忙着要看父亲留下的这张字迹潦草暗淡的字条,任由他们推搡,直到他站定在店铺后面的客厅大天窗下。那里光线好多了。现在他知道,父亲为何对他如此失望了。字条上写道:

这便是睿智的算命先生说的话:"此子不会继承你的衣钵。你死后两年,他还很年轻,他将会被高举到这个国家的众人之上。命运是这么说的,我已经说了。"

我儿子的命运让我失望至极。希望命运再赐给我别的儿子,使我的家业有人继承,否则我浪费了四十个金币来算这个命。

"你看,好运在等着你,我亲爱的孩子。"阿斯夫说。

有人在咯咯地笑。

阿卜杜拉抬起头,有点儿困惑。好像空气中有一股子很浓的香味。

笑声又传过来,来自站在他面前的两个人。

阿卜杜拉目瞪口呆。他感到她们无比巨大。两个极其肥胖的女人站在他面前。她们看见他惊呆的样子又咯咯笑了起来。两人都打扮得花枝招展,身穿闪闪发亮的缎子和飘飘荡荡的薄纱——右边那个穿粉红色,左边那个穿黄色。两人挂满了项链和镯子,有些显然是多余的。此外,粉红色的那个最胖,额头悬着一串珍珠,正好垂在精心卷曲的头发下面。黄色的那个,相对瘦一些,带着一种琥珀的珠冠,头发更为卷曲。两人都化着厚厚的妆,化得都很不得当。

她们一发觉阿卜杜拉在注视她们——情况是,他一脸的惊恐——每个女孩都从胖鼓鼓的肩膀后抽出一块面纱——左边那个是粉红色的纱,右边那个是黄色的纱——郑重其事地放下来,盖住了头和脸。"你好,亲爱的丈夫!"她们从面纱下齐声说道。

"什么?"阿卜杜拉大声说。

"我们把脸蒙上了。"粉色的那个说。

"因为你不能看我们的脸。"黄色的那个说。

"在我们结婚前。"粉色的那个把话说完了。

"一定是搞错了。"阿卜杜拉说。

"一点儿也没错。"法蒂玛说,"这两个,是我外甥女的两个外甥女,来这里嫁给你。你难道没听我说过,我要给你物色两个妻子吗?"

这两个外甥女又咯咯地笑了。"他这么英俊。"黄色的那个说。

阿卜杜拉沉默了好一阵,这期间他定了定神,尽力控制情绪,然后礼貌地说:"告诉我,哦,父亲大老婆的亲戚们,你们很久以前就知道这个我出生时的预言吗?"

"早就知道。"哈肯木说,"你当我们是傻子吗?"

"是你亲爱的父亲拿给我们看的,"法蒂玛说,"就在他立遗嘱的时候。"

"自然,我们不想让你将好运带离这个家。"阿斯夫解释道,"我们就是在等这一刻,等你放弃继承你父亲的营生——这肯定是苏丹王要擢升你为高官大臣的迹象,或是请你去统率他的军队,或者以别的方式提拔你。我们得采取措施分享你的好运。你这两个新娘和我们三个都有很近的血缘关系。这样你高升后自然不会忽视了我们。所以,亲爱的孩子,剩下的就由我来给你介绍地方法官,他都准备好要给你主持婚礼了。"

阿卜杜拉直到现在，都不能将视线从两个外甥女那如同巨浪翻滚的肥胖身材上挪开。现在他抬头碰上了赞泽堡市法官那嘲讽的目光，他从屏风后面走出来，手上拿着婚姻注册本。阿卜杜拉想知道，请他来这一趟得付多少钱。

阿卜杜拉礼貌地对法官鞠躬："恐怕这不可能。"

"哈，我就知道，他是不近人情和讨人厌的。"法蒂玛说，"阿卜杜拉，想想，如果你现在拒绝她们，这两个可怜的女孩该有多失望，多没面子。她们大老远地赶来，满心希望嫁人，都装扮好了！你怎么能这么做！外甥！"

"此外，我把门都锁上了。"哈肯木说，"别以为你走得了。"

"我很抱歉，伤了如此引人注目的两位小姐的心——"阿卜杜拉开始说话。

不管怎样，两位新娘的感情已经被伤了。两个女孩都发出一声悲号，双手托着戴面纱的脸大声地抽泣起来。

"太糟糕了！"粉红色的哭着说。

"我就知道，他们得先问过他！"黄色的叫道。

阿卜杜拉发现，看见女人哭——尤其是体型如此硕大的女人，哭得花枝乱颤——让他感觉很糟糕。他觉得自己是白痴和禽兽。他很羞愧。这个情形不是女孩的错。她们被阿斯夫、法蒂玛和哈肯木利用了，就像阿卜杜拉之前一样。但真正让他觉得自己禽兽不如，并且很羞愧的想法是——他希望她们立刻停止哭泣，闭嘴，别再号啕了。另外，他根本不在意她们的感情。如果拿这两个和夜之花作比较，他知道自己讨厌她们。想到要娶这两个人，就让他无法忍受，觉得恶心。但仅仅因为她们在他面前呜呜咽咽、抽抽泣泣、又哭又闹的,他发现自己正在考虑,也许三个妻子实在也不算太多。这两个可以在他离开家或赞泽堡时,陪伴夜之花。那样的话,他就得将情况解释给她们听,并让魔毯也载上她们——

这个想法让阿卜杜拉恢复了理智。如果魔毯载上这么重的两个女人,有可能大为颠簸——他甚至担心,有她们两个在上面,魔毯都升不了空,她们太胖了。至于那个让她们给夜之花做伴的念头——就算了吧!夜之花聪明而有教养,善良而漂亮(而且苗条)。这两位还需得向他证明她俩不是傻瓜。她们想要出嫁,哭是用来逼迫他就范的一种方式。她们笑起来咯咯响。他从没听见夜之花咯咯痴笑过。

至此,阿卜杜拉多少有些吃惊地发现,他是真的爱夜之花,就如先前在心里热烈地认定她一样,或许,现在因为尊重她,越发地爱她了。他知道如果没有她,自己会死。而自己如果同意迎娶这两个胖外甥女,就会失去她。因为她会像形容欧芹斯坦王子一样叫他贪婪鬼。

"我很抱歉。"他说,声音盖过了响亮的哭泣声,"你们真该事先和我商量一下,哦,父亲大老婆的亲戚们,哦,最尊贵和最正直的法官,这样就没有这误会了。我还不能结婚,因为我发过一个誓。"

"什么誓?"所有人都追问,包括两个胖新娘。法官又说:"你登记过这个誓言吗?要想有法律效应的话,所有的誓言必须经地方法官公证过。"

这个不妙。阿卜杜拉飞快地转动脑筋。"确实有登记。哦,名副其实的英明法官,"他说,"我父亲要我发誓时,带我去法官那里登记了。那时我只不过是个小孩。我当时不甚理解,但现在我明白了,就是因为那个预言。我父亲是个谨慎的人,不希望自己的四十个金币白白浪费了。他让我发誓,在命运将我举到众人之上前,我不能结婚。所以,你看——"阿卜杜拉将手伸进他最好衣服的袖子里,抱歉地向两位新娘鞠躬,"双胞胎蜜饯糖果,我还不能娶你们,但这一天会来临的。"

每个人都说:"那样的话——"大家七嘴八舌,意见不一,让阿卜杜拉深感宽慰的是,他们中的大多数人不再盯着他不放了。

"我一直认为你父亲是个相当不肯放手的人。"法蒂玛补充道。

"甚至进了坟墓还那样。"阿斯夫同意道,"我们必须等这孩子发达了再说。"

不管怎样,那个法官坚持到底。"你是在哪个法官面前发的誓?"他问。

"我不知道他的名字。"阿卜杜拉胡编道,表示出极大的遗憾。他有点儿冒汗:"我那时很小,见他是个长着白胡子的老爷爷。"那个描述,他想,符合那里的每一任法官,包括站在他跟前的这一位。

"我会去查验所有的记录。"法官不快地说道。他冷冷地转向阿斯夫、哈肯木和法蒂玛,正式向他们告别。

阿卜杜拉和他一起离开,几乎是紧跟着法官出的门,急匆匆地逃离了商铺以及那两个胖新娘。

第五章

夜之花的父亲要将阿卜杜拉举到众人之上

"多糟糕的一天!"阿卜杜拉终于回到铺子后,自言自语道,"如果我的运气照这样走下去的话,哪怕魔毯再也飞不起来,我也丝毫不奇怪!"他仍然穿着他那身最好的衣服,躺在魔毯上胡思乱想,也许,他仍然可以回到夜之花的夜花园,只是发现夜之花因他昨晚太过愚蠢而不再爱他了。或者,她可能依旧爱他,但决定不和他一起乘魔毯离开了,或者……

他过了好一会儿才睡着。

他醒来时,一切都很完美。魔毯稳妥而轻巧地落在月光照耀的河岸上。因此,阿卜杜拉知道,自己到底还是说出了口令。口令从说出到现在,才那么一小会儿,他几乎记得那口令是什么。但是看见夜之花穿过香气扑鼻的白花以及黄色的圆灯笼,热切地向他跑来时,口令就完全被他抛到了九霄云外。

"你在这里!"她边跑边叫,"我很担心。"

她没生气。阿卜杜拉心花怒放。"你准备好离开了吗?"他回应,"跳上来,坐我身边。"

夜之花开心地笑起来——显然这不是咯咯地痴笑——穿过草地跑了过来。月亮看上去躲到云层后面去了,因为有一会儿阿卜杜拉完全是凭借着灯光看见她的。金色的灯光下,她急切地跑过来。他站起来,向她伸出手去。

就在他伸出手的那一瞬间,那片云向着灯光扑下来。那不是云,是一对巨大的黑色羽毛翅膀。从拍打的翅膀底下,伸出一双同样长满毛的手臂,手上长着像利爪一样的长指甲,然后两条手臂合起来抱住了夜之花。她扭过头,向上看。不管看见了什么,总之她尖叫起来,那是一声歇斯底里的狂叫,但很快被终止了,一条长满羽毛的手臂变换姿势,伸出爪子般的巨手拍向她的脸。

夜之花用拳头打那条手臂,并用脚踢,奋力挣扎,但全是白费工夫。她被举了起来,小小的白色身影反衬出身后那个巨大的黑影。巨翅又开始无声地拍打,草皮上一双同样长着尖甲的巨脚,正在向下蹬,离阿卜杜拉所在的河岸只有一码距离。这时阿卜杜拉正要站起,一双毛茸茸的腿,收紧小腿肌样的东西——不管是什么了——向上弹起。就在这个瞬间,阿卜杜拉发现自己正盯着一张可怕的毛脸,鹰钩鼻上穿着个圆环,一字排开的长眼,冷漠而残忍。这东西没在看他,只专注于自己的这次空袭。

一眨眼,这东西就在空中了。阿卜杜拉看见一个会飞的神灵,手臂上悬挂着小小的白衣女孩,在头上一闪而过,很快消失在夜色中。一切发生得如此之快,令人不敢相信。

"跟上!跟上那个神灵!"阿卜杜拉命令魔毯。

魔毯似乎要遵命。它从岸上鼓起身子。接着,几乎像有什么人另外给它下了一道命令,它沉下身子,静静躺着。

"你这破烂的擦鞋垫!"阿卜杜拉对它喊道。

从花园深处传来另一声叫喊:"大家这边走!叫声是从那边传来的!"

沿着拱门,就着月光,阿卜杜拉瞥见了金属盔甲——更糟糕的是——灯光照出了他们所佩的刀剑和弓弩。他可不想和这群人解释自己为什么叫喊。他仰卧在魔毯上。

"回铺子!"他悄声对它说,"请快点儿!"

这次,魔毯遵从了,如同昨晚那么快。一眨眼就离开了河岸,斜着冲过一道令人生畏的高墙。就在阿卜杜拉飞速越过赞泽堡那一片沉睡的屋顶和被月光照耀的塔楼时,他瞥见一大群北方雇佣兵,在灯火通明的花园里乱作一团。他几乎没有时间思考——夜之花的父亲一定比他想象的还要富有——很少有人请得起雇佣兵,而且从北方来的兵是最贵的——之后,魔毯稳稳地穿过帘子,将他送至铺子中央。

在那里他绝望之至。

神灵偷了夜之花,而魔毯拒绝跟踪神灵。他不觉得奇怪,每个赞泽堡的人都知道,神灵掌管着天上地下。为防节外生枝,无疑神灵在带走夜之花时,命令花园里的一切都待在原地不动。或许它根本没有注意到魔毯或站在魔毯上面的阿卜杜拉。魔毯的法力不够,只能听命于神灵。阿卜杜拉爱夜之花胜过爱自己,现在,神灵将她偷走了,就在她奔向自己怀里的那一刻,而他却无计可施。

他哭起来。

之后，他发誓要扔掉所有藏在衣服里的钱。现在它们没有用了。他还没来得及那样做，就又一次陷入不幸。先是传来一阵喧哗，当时他正以赞泽堡的方式捶胸号啕大哭；接着听见公鸡鸣叫，人群乱作一团，他停止哭泣陷入绝望。行动毫无意义。其他人也许在四处奔走，在吹口哨，或把水桶碰得叮当响，但阿卜杜拉置身事外。他蜷伏在魔毯上面，希望自己已经死了。

他是如此痛苦，万没想到自己可能已经身处险境。就像猎人进了林子，鸟儿停止鸣叫。市场变得一片寂静，他也没有注意到。他真的没注意到沉重的踏步声，也没有注意到伴随而来的"铿铿铿"的雇佣军的盔甲声。当有人在他铺子外叫道"立定"，他甚至连头都没扭。当铺子的帘子被人掀了起来，他回过头去，半晌才回过神来。对着强烈的阳光，他眨了眨红肿的眼睛，茫然不解，一队北方士兵来这里干什么？

"就是他。"有个穿平民衣服的人说道，这人可能是哈肯木，还没等阿卜杜拉看清楚，他就谨慎地躲开了。

"你！"小队长厉声说，"出来，跟我们走。"

"什么？"阿卜杜拉说。

"把他抓起来。"队长说。

阿卜杜拉莫名其妙。他们从地上把他拉起，反剪了他的双手，并让他跟着走，他弱弱地进行了抗议。那队士兵"铿铿铿"地拖着他走出市场，进入西区，一路上他继续抗议。不久他的抗议变得强烈了。"这算什么？"他气喘吁吁地说，"作为一个公民——我有权——我们到底——去哪里！"

"闭嘴。你会知道的。"他们回答道。他们身体太强壮了，说话一点儿不带喘气。

不一会儿,他们把阿卜杜拉带过一个由巨石砌成的大石门,石门在阳光下泛着刺眼的白光,然后进到一个热得像被火炙烤一样的庭院,在一个烤箱般的铁匠铺外停留了五分钟,帮阿卜杜拉戴上了铁链。他抗议得更起劲了:"这是做什么?这是哪里?我有权知道!"

"闭嘴!"队长说。他带着粗鲁的北方口音对副队长说道:"这些赞泽堡佬,总是这样抱怨,一点儿不懂体面。"

小队长这么说时,那个铁匠,他也是赞泽堡人,悄悄地对阿卜杜拉说:"是苏丹王要抓你。我想你凶多吉少,上一个被我用铁链捆绑的,被钉死在十字架上了。"

"但我什么也没干——!"阿卜杜拉抗议道。

"闭嘴!"小队长喊道,"完事了吗,铁匠?好,跑步前进!"他们架着阿卜杜拉离开,穿过院子,进入前面的大房子。

阿卜杜拉本想说,链子实在太重了,带着这链子根本没法走路。但如果一队面色阴沉的士兵决意让你这么做,你就清楚该怎么办了。他跑了起来,链条撞击得"丁零当啷"响。最终,随着一记筋疲力竭的"哐当"声,他被带到了一个高高的、用金色和蓝色瓷砖铺成的宝座底下,宝座上堆满了垫子。所有的士兵都冷漠而有礼地单腿跪下,就如北方士兵对待花钱雇他们的雇主那样。

"犯人阿卜杜拉带到,苏丹王。"小队长说。

阿卜杜拉没有跪下,他按照赞泽堡的习俗趴下了。另一个原因是,他筋疲力竭,没有比重重倒下更容易做的事了。铺了瓷砖的地板凉凉的,很舒服。

"让这坨臭骆驼屎跪起身。"苏丹王说,"让这东西把脸对着我们。"他的声音低沉,且因生气而颤抖。

一个士兵拖着链子,其他两个拉住阿卜杜拉的手臂,总算把他弄得像是跪下了。阿卜杜拉很高兴他们这么架着他,不然他会惊恐得瘫倒在地。躺在宝座上的男人又胖又秃,还蓄着浓浓的灰白胡子,手拿一个白棉布做的头上带穗儿的东西,正胡乱地拍打着一个垫子,看起来真的很生气。这件带穗儿的东西让阿卜杜拉明白自己惹了什么麻烦。那是他的睡帽。

"好,垃圾堆里出来的癞皮狗!"苏丹王说,"我女儿在哪里?"

"我不知道。"阿卜杜拉痛苦地说。

"你想否认,"苏丹王一边说,一边晃荡着那顶睡帽,就好像提着一颗被割下的人头,"想否认这是你的睡帽吗?里面有你的名字,你这可恶的生意人。这是被我们——被我亲自发现的!——就在我女儿的首饰盒里,和这一起的还有八十二幅平民的肖像,它们被我女儿分别藏在八十二个地方。你否认爬进我的夜花园给我女儿看这些画像吗?你否认偷走了我女儿?"

"是,我否认!"阿卜杜拉说,"我不否认睡帽和画像是我的,哦,最高贵的弱者保护人——但我必须指出,您女儿藏东西的本事,比您找东西的本事要高。伟大的智慧管理者,因为我其实还给了她一百零七幅画,远不止您找到的那些——但我的的确确没有偷走夜之花。她就在我眼前被一个巨大而凶恶的神灵给抓走了。我和您一样不知道她在哪里。"

"编故事!"苏丹王说,"是啊,神灵!你这个骗子!卑鄙的家伙!"

"我发誓这是真的!"阿卜杜拉叫道。他是如此绝望,没什么不敢说的:"我敢对天发誓,就是神灵干的。哪怕对我使用催眠术,我还是这句话。哦,威严的铁判官。失去您女儿,我远比您来得伤心,伟大的苏丹王,国家的圣君,请您现在就杀了我,让我脱离这悲惨的人生。"

"我很乐意处决你。"苏丹说,"但先告诉我她在哪里。"

"但我已经告诉您了,人世间的伟人!"阿卜杜拉说,"我不知道她在哪里。"

"带他走。"苏丹王极其平静地对跪着的士兵说。他们立刻起身,将阿卜杜拉拖起。"严刑逼供,让他老实交代。"苏丹王又说,"等找到我女儿,你们可以杀了他,但在那之前必须留着他。我敢说,如果我把嫁妆加倍,欧芹斯坦的王子会接受一个寡妇的。"

"你搞错了,万王之王!"当士兵们拖着他在瓷砖上走时,他喘息着说:"我不知道神灵去了哪里,叫我极为伤心的是,他没等我们结婚就带走了她。"

"什么?"苏丹王喊道,"把他带回来!"士兵立刻牵着他的链子,将他带回了宝座前。苏丹王正探出身来盯着他:"我干净的耳朵听到你那狗嘴说,没跟我女儿结婚,是吗,下流东西?"

"千真万确,我的圣主。"阿卜杜拉说,"神灵在我们私奔前到来。"

苏丹王用一种令人恐怖的目光盯着他,问:"是真的?"

"我发誓。"阿卜杜拉说,"我都还没吻过你女儿。我本打算一离开赞泽堡,就找个证婚人。我知道事情该做得合乎礼仪。但同时我也觉得,有必要先确定夜之花是否真的想嫁给我。尽管有这一百八十九幅画像,但她的决定在我看来有些无知。如果您能恕我直言,爱国者的保护人,你教养女儿的方式绝对荒谬。她第一次见我时,竟然以为我是个女人。"

"那么,"苏丹王沉思道,"昨晚我派出士兵去捕杀擅闯花园的人,想必是个错误。"他又对阿卜杜拉说:"你这傻瓜,下贱的杂种!胆敢批评我!我当然得那样抚养我女儿。她出生时的预言说,她会嫁给除了我以外看到的第一个男人!"

尽管有铁链,阿卜杜拉还是挺起身。这天他第一次在痛苦中感受到了希望。

苏丹王看着下面精致的地板和装潢气派的宫室思考着。"这个预言很适合我。"他说,"我一直希望有个强大的北方联盟。他们的武器比我们要精良得多,我明白,有些武器真的很邪门。但欧芹斯坦的王子真的很难搞定。所以我想,我能做的就是——把我女儿同所有可能见到的男人隔离——当然我给她最好的教育,确保她能歌善舞能够取悦王子。然后,等我女儿到了适婚年龄,我就邀请王子来我国访问。等到明年,他把刚打败的那个国家弄停当后,就会带着他那些精良武器来这里。而我知道,只要我女儿看他一眼,预言就能确保我搞定他。"他把眼睛恶狠狠地转向阿卜杜拉:"但我的计划被你这个臭虫给搅黄了。"

"很不幸,的确是这样。最精明的君王。"阿卜杜拉承认道,"告诉我,万一这个欧芹斯坦王子又老又丑呢?"

"我相信,他就如同这些雇佣兵一样,有着讨厌的北方习气。"苏丹王说,"为什么问这个?卑鄙的家伙!"阿卜杜拉印象中这些士兵,大部分都长着雀斑和红头发,生硬无比。

"因为如果您能允许我,进一步评价您非凡的智慧,哦,人民的衣食父母,这计划看起来对您女儿多少有些不公平。"阿卜杜拉说道。他感到士兵们的眼睛一起转向他,吃惊于他的胆大妄为。阿卜杜拉不怕,反正他再没什么好失去的了。

"女人不算什么。"苏丹王说,"对她们不用讲公平。"

"我不同意。"阿卜杜拉说。士兵们对他更是刮目相看了。

苏丹王怒目而视,他那双有力的手拧着那顶睡帽,好像那是阿卜杜拉的脖子。"闭嘴,你这死癞蛤蟆。"他说,"否则我会顾不了那么多,立刻下令处决你。"

阿卜杜拉放心了些。"公民之剑,我恳求您现在杀了我。"他说,"我犯了罪,我有罪,我侵犯了您的夜花园——"

"闭嘴。"苏丹王说,"你很清楚地知道,在找到我女儿并确保她嫁给你之前,我不可能杀了你。"

阿卜杜拉更放心了。"您的犯人不明白您的意思,哦,英明的圣主。"他抗议道,"我要求马上去死。"

苏丹王几乎在对他咆哮。"如果说,这件倒霉事让我明白了一个理的话,"他说,"那就是,即便是我,赞泽堡的苏丹王,也不能欺骗命运。那个预言会自行生效,我清楚这个理。所以,如果我希望女儿嫁给欧芹斯坦王子的话,我必须得先顺从这个预言。"

阿卜杜拉几乎完全放松了。他自然已经看明白了这一点，但他急切地想证实苏丹王也已明白这点。苏丹王已然明白了。显然，夜之花的逻辑思维是从父亲那里继承来的。

"那么，我女儿在哪里？"苏丹王问。

"我告诉过您，赞泽堡的红太阳，"阿卜杜拉说，"那个神灵——"

"我一点儿也不信什么神灵。"苏丹王说，"这个说法太轻巧了。你一定是把我女儿藏在什么地方了。带他走。"他对士兵说："把他关进我们最坚固的地牢里。就让链子捆着他。他一定是用了什么魔法进的花园，也可能会再次利用魔法逃走，我们得小心谨慎。"

对此，阿卜杜拉不得不暗暗叫苦。苏丹王注意到了，他不怀好意地微笑起来。"那么，"他说，"给我挨家挨户地去搜，一旦找到我女儿，就带她去地牢结婚。"他看着阿卜杜拉，若有所思。"到那时，"他说，"我要发明一种新办法来杀你，让自己开心。我喜欢把你钉在四十尺高的柱子上，然后放秃鹰来一点点地吃掉你。要我改主意，除非我想出更绝的。"

当士兵来拖走阿卜杜拉时，他几乎又绝望了。他想起了出生时的那个预言。一个四十尺高的柱子，能够很好地把他举到这个国家的众人之上。

第六章

阿卜杜拉逃离虎穴又入狼窝

他们要把阿卜杜拉关进一个又深又臭的地牢,那个地牢唯一的光线来自天花板上一个极小的光栅——那并不是日光。光栅是楼上地板的一部分,而光线正是从楼上那扇远离走道尽头的窗户传过来的。

阿卜杜拉知道将有什么样的境遇在等待着他,当士兵拖他走时,他想多看看日光,多留点念想。就在士兵打开通向地牢大门的间隙,他抬头四处张望。他们站在一个又小又黑的院子里,院子四周是光秃秃如绝壁的围墙。如果他扭头,可以看见不远处一个细长的尖塔,在朝霞的映衬下露出轮廓。黎明前一小时的景致让他惊叹。在尖塔上面,天是深蓝的,只有一片云静静地停在那里。黎明的阳光继续渲染着这朵云,使它看上去像是开着金色窗户的空中城堡。

阿卜杜拉确信,这辈子再也看不见如此美妙的景致了。在士兵将他拖进地牢时,他还回头盯着那片云。

当他被锁在又冷又黑的地牢时，他努力回想刚才所看到的美丽景象，但失败了。地牢是另一番光景。有好长时间，他太痛苦了，以至于都没注意到他被铁链捆得死死的。他回过神来，在冰冷的地板上翻转扭动，但一点儿用也没有。

"我这一辈子就这样了。"他暗想，"当然，除非有人将夜之花救出来。"那看起来不可能，因为苏丹王拒绝相信神灵的说法。

之后，他试图用白日梦来缓解他的绝望。但是，不知何故，想象自己是被绑架的王子并不顶事。他知道这是假的，想到夜之花信了自己所编的故事，止不住地感到内疚。现在他知道她是位公主了，而她一定以为他是位王子，才决意要嫁他的。他不敢想象自己如何开口告诉她实情。有那么一会儿，他觉得苏丹王给他的这个悲惨结局，也是罪有应得。

接着，他开始想念夜之花。不管她现在身处何方，肯定是像自己那样又痛苦又害怕。阿卜杜拉希望自己能够安慰她。他很想去救她，因此徒劳地花了些时间想挣脱锁链。

"肯定没别的人去救她了。"他咕哝道，"我必须从这里出去！"

然后，他想召唤魔毯，他确信这个念头就和他的白日梦一样可笑。他似乎看见魔毯就躺在铺子的地板上，他对着魔毯喊，大声地喊，一遍又一遍。他说出了所有能想到的魔咒，希望其中有一句是口令。

什么也没发生。多傻啊，以为这样能行得通，阿卜杜拉想道。就算最后他说对了口令，而魔毯又能听见从地牢里传出去的声音,但即便它是魔毯,怎么可能从那么窄小的光栅里穿进来,又帮助他走出去呢?

阿卜杜拉放弃了,靠着墙,半是瞌睡,半是绝望。现在这么热,肯定是正午,赞泽堡人至少会休息一小会儿。阿卜杜拉自己,如果不去公共花园的话,通常是坐在铺子前面的阴凉处,在一堆较次的地毯上,一边喝着水果汁,一边和贾迈尔有一搭没一搭地闲聊——或者如果有钱的话,就喝酒。但这样的日子一去不复返了。"现在才是第一天,"他恹恹地想道,"我现在还知道已经过去了几个小时,等到我搞不清是哪年哪月的时候,那得多久啊。"

他闭上眼睛。有件事倒是不错,挨家挨户地搜查苏丹王的女儿,至少会给法蒂玛、哈肯木和阿斯夫制造点麻烦。因为大家都知道,他们是阿卜杜拉唯一的家人。他希望士兵将那个紫色的大商铺掀个底朝天;希望他们把墙拆开,并翻开所有的地毯;还希望他们被逮捕——

有什么东西落在阿卜杜拉身旁的地上。

"他们给我扔了些吃的,"阿卜杜拉想,"我宁愿饿死。"他懒懒地睁开眼睛,却不由得瞪大了双眼。

在地牢的地板上,躺着那张魔毯。而贾迈尔那条坏脾气的狗正安静地睡在上面。

阿卜杜拉盯着它俩。他能够想象,在大日头的正午,这狗是如何躺在自己铺子的阴凉处的。他可以理解它之所以会躺到地毯上是因为地毯很舒服。但是一条狗——一条狗如何能够碰巧说出口令,这一点阿卜杜拉无论如何也弄不明白。他盯着它时,它正开始做梦,爪子动了,鼻子皱起来,抽动着,好像闻到了最香的香味,并发出微弱的呜咽,好似它梦里闻到的东西正要溜走。

"我的朋友,这怎么可能!"阿卜杜拉对它说,"你梦到我了,梦到我把大部分早餐都给你了,是吧?"

这个狗,在睡梦里听到他的声音,打了一个大呼噜,醒了过来。狗就是狗,丝毫不纳闷自己是怎么来到这个奇怪地牢的。它用鼻子嗅味,然后嗅到了阿卜杜拉。它高兴地跳了起来,发出愉快的汪汪声,把爪子伸进阿卜杜拉胸前的链子里,热切地舔他的脸。

阿卜杜拉大笑,转动着头,让鼻子尽量避开狗嘴里的鱿鱼味。他和狗一样高兴。"所以,你梦到我了。"他说,"我的朋友,我得让你每天有一碗鱿鱼吃。你已经救了我的命,或许也救了夜之花的命。"

等狗的高兴劲稍稍退下去一点儿,阿卜杜拉就开始带着满身的锁链顺着地板翻滚,直至由一条胳膊肘撑着,躺到了地毯上面。他出了口大气,现在安全了。"来,"他对狗说,"到地毯上来。"

但这狗显然闻到了地牢角落里老鼠的味,它兴奋地喘息着,去追踪这味。阿卜杜拉能感觉到,这狗每喘息一声,身子底下的毯子就跟着颤动一下。阿卜杜拉明白了他要找寻的答案是什么。

"过来。"他对狗说,"如果我把你留在这里,等他们来提审我时就会发现你,并会以为我把自己变成了狗。那么,我的命运就成你的了。你把魔毯带给我,并向我揭示了它的秘密,我不能眼见你被钉在四十尺高的柱子上。"

这狗伸着鼻子拱到墙角落,它没在听。阿卜杜拉即使透过地牢厚厚的墙壁,也能清楚地听见沉重的脚步声和哗哗的钥匙声。有人来了。他平躺在魔毯上,不再劝说那狗。

"这里,小伙子!"他说,"来,舔我的脸!"

狗听懂了。它离开了墙角,跳上阿卜杜拉的胸口并且准备听从他。

"魔毯。"阿卜杜拉急促而小声地说道,"去市场,但别降落,就停在贾迈尔的铺子旁边。"

魔毯升起来,侧着冲出去——很合时机。他听见钥匙在开地牢门的声音。因为狗在舔他的脸,他不得不闭起眼,所以并不太确定魔毯是怎么离开地牢的。他感觉到一个阴湿的影子横穿过他——也许他们正横穿墙壁——然后天就亮了,看得见阳光了。狗疑惑不解地抬头看着太阳。阿卜杜拉从锁链上面斜看出去,看见一堵高墙挡在眼前,魔毯稳稳越过之后,它立刻就落在了下面。接着就是阿卜杜拉所熟悉的屋顶和塔楼,虽然此前他只在晚上见过它们。然后,魔毯就朝市场的外围飞去。从苏丹王的王宫到阿卜杜拉的铺子,其实走路只要五分钟。

看到贾迈尔的铺子了,旁边就是阿卜杜拉自己的铺子,走道上扔了一地的毯子。显然士兵们为了夜之花已经搜查过那里了。在一个炖着鱿鱼的大锅和熏着肉串的炭烤炉中间,贾迈尔正头枕着胳膊在打瞌睡。他抬起头,用一只眼盯着眼前那悬在半空的地毯。

"下来，小伙子！"阿卜杜拉说，"贾迈尔，叫你的狗下来。"

贾迈尔显然很害怕。跟一个要被苏丹王钉到木桩子上的人做邻居可不是件好玩的事。他好像无话可讲。狗对此也无动于衷，于是阿卜杜拉挣扎着坐起身来，身上的锁链丁零哐啷地响，都弄出汗了。这动静惊动了狗。它机敏地跳上铺子的柜台，贾迈尔心不在焉地抱住了它。

"你想我做什么？"他问，看着这些锁链，"要我去找铁匠吗？"

阿卜杜拉被贾迈尔表现出来的友谊所感动。但是坐起来后他看到了两排铺子间走道上的情形，他看得见飞奔而来的鞋底和舞动的裙摆。看起来有个摊贩去找警卫了——虽然这个跑动的身影有什么地方让阿卜杜拉想起了阿斯夫。"不。"他说，"没时间了。"哐啷啷，他把左腿挪到魔毯边上，"帮帮我。把你的手伸进我左脚靴子上的绣花里。"

贾迈尔顺从地伸出一条健硕的胳膊，小心翼翼地去摸绣花。"是个咒语？"他紧张地问。

"不。"阿卜杜拉说，"是个暗藏的钱包。把手伸进去，把里面的钱拿出来。"

贾迈尔很疑惑，但用手指摸索着，找到了钱包，并抓出一把金币。"有很多钱呢。"他说，"这个能买你的自由吗？"

"不。"阿卜杜拉说，"是你的自由。因为你和你的狗帮助过我，他们会抓捕你。带上金币和狗离开，离开赞泽堡，去北方的蛮荒之地，在那里你可以藏身。"

"北面！"贾迈尔说，"但我能在北边做什么呢？"

"买些必要的设备，开个拉斯福特餐馆。"阿卜杜拉说，"这些钱足够了，你是个好厨师。你在那里能发财。"

"真的吗？"贾迈尔说，他注视着阿卜杜拉，然后将视线转向自己手里的金币，"你真的认为我可以？"

阿卜杜拉警惕地盯着走道。现在他看见走道上满是人，不单是警卫，还有雇佣兵。他们都是在跑步前进。"只要你现在马上离开。"他说。

贾迈尔听到了正跑步前来的士兵身上的盔甲声，他探出身子去确认。吹声口哨呼唤他的狗，然后就不见了。这么快，这么安静，让阿卜杜拉只有羡慕的份。贾迈尔甚至还有时间把肉拿下烤架，免得它们被烤煳。一会儿士兵到了以后，能找到的仅仅是一大锅半熟的鱿鱼。

阿卜杜拉对着魔毯悄声说："去沙漠。快点！"

魔毯以它惯有的速度马上离开了。阿卜杜拉想，要不是身上的锁链的重量，他一定已经被甩出去了。锁链使得魔毯的中部凹了下去，像张吊床。快速是必要的，士兵在他身后喊叫，还有些重重的撞击声。有那么一会儿，两颗子弹和一支弩箭从魔毯旁的蓝天擦过，然后落在了身后。魔毯继续往前冲，越过屋顶、围墙，经过塔楼，掠过棕榈树和市场花园，最后冲进一片灰蒙蒙的天空，炽热的天空犹如一只倒扣的巨碗，闪耀着白色和金色的光。阿卜杜拉的铁链开始发烫。

气流停止了。阿卜杜拉抬起头，看见赞泽堡只不过是地平线上一小丛塔楼。魔毯缓缓飞行，经过一个骑骆驼的人，那人头戴面纱转头观望。魔毯开始朝沙地上降落。见此，骑骆驼的人也调转骆驼，驱赶着骆驼一路小跑跟上魔毯。阿卜杜拉几乎能看见骆驼主人是如何暗自得意的了，他正暗自盘算着染指一张货真价实会飞魔毯的时机到了，因为它的主人身带锁链，根本无法抵抗他。

"往上升，往上升！"他几乎对魔毯尖叫道，"往北飞！"

魔毯缓缓地又向空中升起，每根纤维都透着不情愿和恼怒。它迟钝地转了个半圈，以走路的速度缓缓地向北而行。骑骆驼的人从半圈的中间抄近道，以飞奔的速度赶过来。由于魔毯离地只有九尺高，对一个骑着骆驼飞奔而来的人来说正好是囊中探物。

阿卜杜拉见此，觉得有必要立马说些什么了。"当心。"他对骑骆驼的人喊道，"赞泽堡用链子捆了我把我赶出来，是害怕我传播身上的瘟疫。"骑骆驼的人没有被糊弄住。他骑着骆驼，以更谨慎的速度跟随着，并且还费了九牛二虎之力从行囊中拿出一根帐篷支杆。阿卜杜拉赶紧将注意力转向魔毯。"哦，地毯中的地毯，"他说，"你色彩艳丽，做工精良，而且因为有魔力而身价百倍。之前我对你没有以礼相待，口气生硬，甚至对你大喊大叫。现在我看到了你温顺的秉性，你只是需要好言相待。见谅，请见谅！"

魔毯很是受用。它绷紧了一点儿，并稍稍加快了些速度。

"并且，我是个卑鄙小人。"阿卜杜拉继续说，"是我连累你在炎热的沙漠中辛苦工作，还要承受我铁链的重压。哦，最最精美和优雅的地毯，现在我心里只有你，如果能帮你去除这重量该有多好啊!比如,只要比骆驼的飞奔速度稍微快一点儿,去沙漠北边最近的地方,那里我能找人帮我去掉这些锁链。这个要求是否能够愉悦你高贵而可亲的天性呢?"

看上去,他说到点子上了。现在魔毯身上散发出一种自命不凡的傲气。它升高了一英尺,微微地转了个向,有意地以时速七十英里向前进发。阿卜杜拉贴着地毯边缘向后看,那个懊丧的骆驼人很快变成了沙漠中的一个小点。

"哦,珍品中的珍品,你是地毯中的苏丹王,我是你可怜的仆人!"他羞愧地说。

魔毯非常受用,他飞得更快了。

十分钟后,它越过一个沙丘后,突然在离顶端不远的坡面上停了下来,并开始倾斜。阿卜杜拉无助地滚落到一片沙土里。他不住地滚动,链条碰得哐当响,身体弹起,沙土飞溅,然后——一番费力的挣扎后——脚先落在一条沙沟里,沙沟通向不远处绿洲里的一个小泥塘。一群衣衫破烂的人正蹲在岸边对着一个什么东西看,当阿卜杜拉从天而降的时候,他们迅速跳起并四处散开。阿卜杜拉的脚碰到了他们正蹲着看的东西,并一脚把那东西踢回了泥塘。一人愤愤不平地叫嚷着,扑腾着下水去抢救。其余的人拔出军刀和匕首——其中有一人手持长柄手枪——凶神恶煞似的围着阿卜杜拉。

"把他做了。"一个说道。

阿卜杜拉使劲眨眼,想把沙子从眼睛里挤出来,同时暗想道,没见过这么凶的一群人。他们都长着一张刀疤脸,一口的烂牙,眼神诡诈,脸上带着令人讨厌的表情。而带手枪的那个是最令人厌恶的，长一个硕大的鹰钩鼻，鼻翼一侧带一个耳环状的东西，蓄有浓密的小胡子，头巾则用一个镶红宝石的金色胸针别在一边。

"你是从哪里冒出来的？"这人说。他踢了阿卜杜拉一脚，"老实交代。"

所有人都一起看着阿卜杜拉，包括那个手里拿着个瓶子从泥塘里蹚出来的人，那神情仿佛在说你最好老实交代——

否则有你好果子吃。

第七章

妖怪出场

阿卜杜拉从眼睛里又眨巴出一些沙子,他认真地盯着这个带手枪的人。这根本就是自己白日梦里的那个邪恶匪徒。这一定也是众多巧合之一。

"我万分抱歉,沙漠中的绅士们,"他极有礼貌地说,"以这样的方式冒犯了你们。我是在和世上最高贵最有名的强盗,无敌的卡布尔·阿客拔说话吗?"

周围的其他匪徒看上去很惊讶。阿卜杜拉无疑听到其中一人说:"他怎么知道那个的?"但带手枪的人只是冷笑了一下。他是故意这样冷笑的。"我就是他。"他说,"很有名,不是吗?"

这真是一个巧合,阿卜杜拉想。好,至少他知道自己身处何地。"哎,旷野的流浪者,"他说,"我,就如同您一样,是被驱逐和压迫的人,我发誓要对拉斯福特进行报复。我专程来此投靠您,为您献计出力。"

"是真的吗？"卡布尔·阿客拔说，"你是怎么过来的？带着满身的链子从天上掉下来的？"

"用魔法。"阿卜杜拉谦卑地说，他觉得魔法最有可能打动这些人，"我确实是从天上掉下来的。高贵的流浪者。"

可惜，他们看上去不为所动，大部分人笑了起来。卡布尔·阿客拔点了下头，示意其中两人去阿卜杜拉降落的沙丘查看。"那么你会变魔法？"他说，"你身上的这些链子和魔法有关？"

"当然。"阿卜杜拉说，"我这魔法师能耐如此之大，连赞泽堡的苏丹王对我的魔法也很忌惮，给我锁上了这些铁链。只有砸了这些链子并打开我的手铐，你们才能看见我变魔法。"他用眼角的余光瞥见，被派出去的那两人抬着魔毯回来了，他非常希望这是件好事。"你知道，铁链妨碍了魔法师变魔法。"他煞有介事地说，"尽管放开我，你们就开眼界了。"

其他的匪徒将信将疑地看着他。"我们没有凿子。"一个说，"也没大锤子。"

卡布尔·阿客拔转向那两个抬地毯的人。"那边就只有这个。"他们报告说，"没有任何交通工具，也没车轮印。"

听此，匪徒头子捋了捋嘴上的胡子。阿卜杜拉暗想，不知他这胡子会不会和鼻环缠到一起去。"嗯，"土匪头子说，"我猜这是张魔毯。它归我了。"他冷笑着转向阿卜杜拉："很抱歉让你失望了，魔术师。既然被链子锁着也不妨碍你来到这里，我准备让你仍旧戴着它，以防万一。我会帮你保管毯子。如果想加入我们，你得先证明自己不是窝囊废。"

让阿卜杜拉多少感到意外的是,他内心的怒气远远大过恐惧。也许是早上在苏丹王跟前已经把恐惧都消耗完了,又或者就是因为他遍体疼痛的缘故。从沙丘上滑下来不但很痛,而且他还擦伤了,一边脚踝上的绑带被严重磨损了。"我必须得告诉你,"他骄傲地说,"不打开我的链子,我对你一点儿用也没有。"

"我们要的不是你的魔法,而是你的知识。"卡布尔·阿客拔说。他对那个刚刚蹚进泥塘里的人点头示意。"告诉我们这是什么。"他说,"或许我会松开你的脚作为奖赏。"

去泥塘的那人蹲下来,拿出一个冒着烟的蓝色大肚瓶。阿卜杜拉用胳膊支起身子,愤愤地看过去。瓶子看上去是新的,露在瓶口的木塞也很新。木塞被封签封住,带着印戳的封签也很新。瓶子看上去像个没有标签的香水瓶。"它很轻。"蹲着的人晃动着瓶子说,"没有液体晃动的声音。"

阿卜杜拉想借此让自己摆脱这身链子。"它是个魔瓶。"他说,"知道吗?沙漠的居民,它可能非常危险。把我的链子解开,我可以控制里面的妖怪,并确保他满足你们每个人的愿望。否则,我认为你们还是不要去碰它为好。"

拿着瓶子的人紧张地把瓶子扔掉了,但卡布尔·阿客拔却只笑了笑,把它捡了起来。"它看上去更像是装着好酒。"他说着把这个酒瓶抛给了另一个人,"打开。"那人放下军刀,拿出一把大匕首来砍封签。

阿卜杜拉觉得他获得自由的机会还在,但运气不好的话,就会被当成骗子揭穿。"他真的很危险,哦,强盗中的精英。"

他抗议道,"一旦你弄破封签,千万别拔塞子。"

他说这话时,那人将封签剥除了,扔到沙子上,然后开始撬木塞,另一个人则帮他摁住瓶子。"如果你非得拔木塞,"阿卜杜拉喋喋不休地说,"至少用特定的次数敲打瓶子,让里面的妖怪发誓——"

塞子"噗"的一声出来了。一股细细的淡紫色的烟雾从瓶口弥漫出来。阿卜杜拉希望这是股毒气。但这股烟雾很快变成了厚厚的云状气体,冲出瓶子,像是从一只沸腾的水壶里冒出的蓝紫色水蒸气。这股烟雾变成了一张脸——蓝色,非常大,怒气冲冲——接着显现的是两个手臂,身子则和瓶子相连。它继续往上冲,直至有十英尺高。

"我发了一个誓!"这张脸咆哮道,雷霆万钧,"放我出来的人都得遭罪。看那里!"那两条烟雾手臂比画着。

拔塞子和托瓶子的那两人眨眼之间不见了。塞子和瓶子都翻倒在了地上,使得妖怪不得不侧身从瓶口处翻腾出来。从这团蓝色烟雾中,爬出来两只大蛤蟆,慌乱地四处张望。妖怪慢慢地挺直了身子,叉起双臂,一脸的憎恨。

这时,除了阿卜杜拉和卡布尔·阿客拔,所有人都逃开了。阿卜杜拉是因为身戴镣铐不能移动,而卡布尔·阿客拔显然是胆识过人。妖怪怒视着二人。

"我是瓶子的奴仆。"他说,"我非常憎恶和讨厌这整件事的安排。我不得不告诉你们,拥有我的人可以每天许一个愿,而我必须全部满足他。"接着他又恶狠狠地说道:"你们的愿望是什么?"

"我想——"阿卜杜拉开口道。卡布尔·阿客拔很快用手捂住阿卜杜拉的嘴。"我是许愿的人。"他说,"妖怪,弄清楚这一点。"

"我听到了。"妖怪说,"什么愿望?"

"等一下。"卡布尔·阿客拔说。他把脸凑近阿卜杜拉的耳朵,他嘴里的气味比手上更糟。虽然阿卜杜拉不得不承认,他身上的味儿比起贾迈尔的狗来,还算是小巫见大巫了。"我说,魔法师。"匪首悄声说,"你已经证明你是对的了。给我出个点子,我该许什么愿,那样我会给你自由,并且让你入伙。但如果你想给自己许愿的话,我就杀了你。明白吗?"他把枪口对着阿卜杜拉的脑袋,放开了他的嘴,"我该许什么愿?"

"好吧。"阿卜杜拉说,"最英明最仁慈的愿望就是,让你的两只癞蛤蟆变回人形。"

卡布尔·阿客拔惊讶地看了那两只蛤蟆一眼。他们正迟疑地沿着泥塘的边缘爬行,显然是在疑惑自己是否会游泳。"没用的愿望,"他说,"再想。"

阿卜杜拉绞尽脑汁地想,什么最能让强盗开心。"你当然可以要无尽的财富。"他说,"但你得想法子搬运这些钱财,所以你得先要一群强壮的骆驼。接下来你得看护这些财宝,也许你的第一个愿望是要一批北方出了名的好武器。"

"到底哪个愿望?"卡布尔·阿客拔追问道,"快点,妖怪不开心了。"

这是真的。准确地说,妖怪没在用脚敲打地面,因为他没脚。但他那张蓝脸上隐隐显露的不悦之色仿佛在说,再有延误,泥塘边会多出两只癞蛤蟆来。

阿卜杜拉不用多想就能明白,且不说自己这一身的链子,如果再变成蛤蟆,处境会更糟糕。"何不要求一顿大餐?"他不太自信地说。

"这个主意好多了。"卡布尔·阿客拔说。他拍了一下阿卜杜拉的肩膀,高兴地跳起来。"我要一顿最丰盛的大餐。"他说。

妖怪弯下身子,就像蜡烛的火焰那样随风倒下。"你的愿望达成了。"他不怀好意地说,"希望给你带来很多好处。"然后小心地退回到瓶子里去了。

这是一顿极其丰盛的大餐。带着"呼啦"的噪音,几乎立马就到了。先是一张配有条纹遮阳棚的长条桌,随之而来的是穿着制服伺候用餐的仆人。其余的匪徒很快克服了恐惧,争先恐后地跑回到带靠垫的长椅上,从金色的碟子里拿可口的食物来吃,并冲着仆人大喊:"还要,还要!"阿卜杜拉瞅准机会和其中的一些仆人说话,原来他们都是苏丹王的仆人,那么这顿大餐应该是苏丹王的。

这个消息让阿卜杜拉感觉好受些了。他坐起身子,靠在旁边的一棵棕榈树上,戴着一身的链子吃起大餐来。尽管他不曾指望卡布尔·阿客拔给他什么好处,但眼下处境依旧艰难。好在卡布尔·阿客拔时不时地记起他,威严地挥挥手,派仆人给他送一碟菜或一壶酒来。

食物很丰盛。不一会儿,随着另一阵低沉的"呜呼"声,另一道刚出炉的菜由不知所措的仆人端着出现了,接着,要么是苏丹王的窖藏好酒被宝石推车装载而来,要么是送来一群目瞪口呆的乐手。每次卡布尔·阿客拔派仆人过来，阿卜杜拉发现他们都很乐于回答问题。

"事实上，沙漠之王的高贵俘虏，"一个仆人告诉他，"第一、第二道菜这么莫名其妙地失踪后，苏丹王就暴跳如雷。第三道菜，就是我端的这道烤孔雀，他派了一整队雇佣兵护送我们出厨房，可是就在我们快到宴会厅大门时，还是在士兵的眼皮子底下给抓走了，不一会儿，我们就发现自己在这片绿洲上了。"

苏丹王一定是越来越饿了，阿卜杜拉想道。

之后，一队舞娘出现了，是被同样的方法抓过来的。这肯定让苏丹王更为生气。这些跳舞的女孩让阿卜杜拉感到忧伤。他想起了夜之花，她比她们要漂亮两倍，他不由得流下了眼泪。席上的酒宴越来越热闹，在泥塘边上的那两只蛤蟆哀伤地叫唤着。毫无疑问，至少它们和阿卜杜拉一样伤心难受。

这时，夜幕降临、奴仆、音乐家和舞娘全都消失了。只剩下食物和酒。此时，这些匪徒酒足饭饱，非常尽兴和满意。大多数人在原地睡着了。但令阿卜杜拉沮丧的是，卡布尔·阿客拔站了起来——有点儿站立不稳——从桌子底下拿了魔瓶，查看瓶口是否塞好。然后摇摇晃晃地走向魔毯，手拿魔瓶躺倒在魔毯上。很快就进入了梦乡。

阿卜杜拉靠着棕榈树坐着，越来越焦虑不安。如果妖怪将偷来的仆人送回赞泽堡——看上去他很可能已经这么做了——那么某人就会生气地盘问他们一些问题。而他们的说辞都会一个样，就是在被迫服侍一群强盗的同时，看见有个穿着体面的年轻人被链条锁着坐在棕榈树旁观望。苏丹王不是傻子，会据实推断。甚至现在一队士兵已经出发,正骑着比赛用的骆驼前来沙漠寻找一块小绿洲。

但那还不是阿卜杜拉最为担心的。他看着熟睡的卡布尔·阿客拔,内心更为焦虑,因为他即将要失去魔毯了,连同一个极为有用的妖怪。

果然,半小时后,卡布尔·阿客拔翻了个身,仰面朝天,嘴巴张开了。无疑就如贾迈尔的狗,或如同阿卜杜拉自己曾经所做过的那样——但显然没有这么响!——卡布尔·阿客拔发出了震天响的呼噜声,魔毯颤动了。月亮渐渐升起,就着月光,阿卜杜拉看得很清楚,魔毯从地上升起了一尺,停在那里等着。阿卜杜拉推测,它正忙着解读卡布尔·阿客拔此刻做的梦。一个匪首会梦到些什么,阿卜杜拉无从得知,但魔毯会知道。它快速升到空中,开始飞翔。

魔毯从棕榈树叶上滑过,阿卜杜拉抬起头,试图最后一次影响它。"哦,最不幸的魔毯!"他温柔地喊道,"早知道我会更加善待你的!"

也许魔毯听见了他的话,抑或许这只是一个意外。只见一个微微发光的圆状东西从毯子边缘滚了下来,"咚"的一声,轻轻掉在离阿卜杜拉几英寸远的地方。是那个魔瓶。阿卜杜拉赶紧去够它,尽量不让自己身上的链子弄出动静来。他把瓶子拽过来后,藏在靠着棕榈树的身子后面,满怀希望地坐等天明。

第八章

阿卜杜拉继续梦想成真

旭日的霞光染红了沙丘,阿卜杜拉设法把木塞从魔瓶里弄了出来。

烟雾冒了出来,形成一个壶状,然后再向上蹿,变成了一个蓝紫色的妖怪。他看上去要有多生气就有多生气。"我说了,一天一个愿望!"一个飘忽的声音宣布道。

"是,嗯,这是另外一天了。紫色精灵,我是你的新主人。"阿卜杜拉说,"这个愿望很简单。我想让这些锁链从我身上消失。"

"简直就是浪费一个愿望。"妖怪不屑地说,并迅速退回到瓶中。阿卜杜拉正想反驳说,这个愿望对妖怪来说的确是小事一桩,但对他来说去除锁链很重要,因为他不用再受镣铐之苦,可以自由移动。他往下一看,身上的锁链已经消失。

他小心翼翼地将瓶塞放回去,站起身。他全身僵硬得不能走路。在身体能活动以前,他必须考虑下眼前的情形,那就是一队骑着骆驼的士兵正全速赶往绿洲。他再一想,如果这群匪徒酣睡醒来,发现他没了锁链站在那里,结果又会怎样。这促使他立刻行动起来。他像一个老人似的向那张宴会桌蹒跚走去,非常小心地拿了些食物并用餐巾包好,以免惊动那些趴在桌上睡觉的匪徒。他拿了一瓶酒,并用两条餐巾将它连同那个魔瓶一起系在腰带上。最后,他又拿了一条餐巾用来蒙头,以防中暑——旅行者曾告诉他,在沙漠里行走,中暑是非常危险的事——然后他出发了,一瘸一拐地尽快走出绿洲,向北而去。

他走着走着,身体就不再僵硬了。上午的前半程,走路几乎成了一件愉快的事。阿卜杜拉心里想着夜之花,坚定地迈开大步朝前走。他一边走,一边吃着可口的馅饼,大口喝着酒瓶里的酒。上午的后半程,情况就不妙了。太阳悬在头顶,天空白得耀眼,一切都闪着光。阿卜杜拉开始后悔,早知道该把酒瓶里的酒倒掉,换上泥塘里的水。酒非但不解渴,还让口更干了。他把餐巾用酒浸湿后,盖在脖子后面,但餐巾干得太快了。沙漠在他眼前晃动,刺眼的光线很伤人。他感觉有点儿被烤成了肉干。

"看起来,命运注定要我在现实生活里经历整个白日梦。"他声音嘶哑地说。

这之前,他一直认为自己已详细周到地设想了逃离恶魔卡布尔·阿客拔的经过,但现在他意识到,自己万不曾考虑到在大日头底下跋涉会是如此恐怖,一路上汗水不断流进眼睛里。他也万万没想到沙子无孔不入,嘴里也都是沙子。同时,他的白日梦也没考虑到,太阳不偏不倚地悬在头顶,也是个问题。脚边那短小的影子,让他失去了方向感。他得时不时地往身后查看脚印是否笔直。他害怕因走偏方向而浪费时间。

最后,他也顾不上是否会浪费时间,不得不停下来休息了。他在沙坡的一个背光之处蹲了下来。感觉自己像是贾迈尔炭烤炉上的一片烤肉。他把餐巾用酒浸湿了,盖在头上,眼看着红色的酒汁往他最好的衣服上滴下来。唯一让他确信自己不会死的,是那个有关夜之花的预言。如果命运注定她得嫁给他,那么他一定死不了,因为现在他还没娶到她。之后,他想起父亲记下来的有关自己的预言。它可以有多重解释。实际上,它也许已经应验了,他不是乘着飞毯高高地飞在这个国家的众人之上吗?或者,它的确是指那四十英尺的木桩。

这个想法迫使他起身重新上路。

下午的情况更糟糕了。阿卜杜拉年轻力壮,但地毯商人的生活不包括长途跋涉。他全身从头到脚都很疼痛,脚趾也痛,它们似乎被磨破了。此外,他的一只靴子蹭到了他藏钱的暗袋。他的两条腿累得几乎迈不开步。但他知道,必须赶在匪徒开始寻找他前,或骆驼骑队出现之前远离绿洲。由于不知道走了有多远,他只能继续跋涉。

到了傍晚,所有支撑他继续前行的动力就是想着明天将会见到夜之花。那是下一个要对妖怪提的愿望。此外,他发誓不再喝酒,不再对沙漠多看一眼,哪怕是一粒沙子。

当夜幕降临时,他摇摇晃晃地走进一个沙丘,睡下了。

黎明时分,他牙齿冻得咯咯发抖,他着急地想知道自己是否被冻伤了。白天沙漠出奇地热，晚上出奇地冷。阿卜杜拉知道他的麻烦马上要结束了。他坐在沙丘较暖和的一边，望着东边那一抹金色的黎明之光，振作起精神，吃掉最后一点儿食物，并且大口喝完了那该死的酒。虽然嘴里的味道感觉如同贾迈尔的狗那样臭，但牙齿不再发抖了。

到时间了。阿卜杜拉松开了魔瓶的塞子，脸上洋溢着笑容，满心期待。

紫色烟雾冲出来，向上翻滚，现出了妖怪凶狠的模样。"你乐什么？"妖怪问道，声音依旧飘忽。

"我想要——哦，妖怪里的紫水晶，颜色比紫罗兰还漂亮，"阿卜杜拉回答道，"愿紫罗兰赋予你同样美好的气息。我要你把我送到我未婚妻夜之花的身边去。"

"哦，是吗？"妖怪把烟雾手臂交叉在胸前，四处张望。令阿卜杜拉惊叹的是，妖怪和瓶子相连的那部分身体变成了一个漂亮的螺丝锥形。"这年轻女子在哪里？"他恼怒地转向阿卜杜拉说道，"我找不到她。"

"她在赞泽堡苏丹王宫殿的夜花园里被神灵带走了。"阿卜杜拉解释道。

"那难怪了。"妖怪说，"我不能满足你的愿望。她不在这世上。"

"那她一定在神灵的王国里。"阿卜杜拉着急地说，"哦，妖怪里的紫色王子，你一定对那个王国了如指掌。"

"这说明你是多么无知。"妖怪说道，"一个被困瓶子的妖怪已被排除在灵界之外。如果你的未婚妻确实在那里的话，我没法带你去。我劝你把瓶塞放回到瓶子里,继续赶路。有一大群骆驼正从南面赶过来。"

阿卜杜拉跳到沙丘上。一点儿没错,正如他担心的那样,一队骆驼正向他飞速奔来。虽然距离隔得远,他们看上去就像是深蓝色的影子,但从身影能判断出他们个个全副武装。

"看到了吧?"妖怪说,并升到跟阿卜杜拉一样的高度,"也许他们找不到你,不过我看情况不妙。"这个想法显然让他很开心。

"你得再让我许一个愿,快点。"阿卜杜拉说。

"哦,不。"妖怪说,"一天只能许一个愿,你已经许过愿了。"

"我当然已经许过愿了,伟大的紫丁香烟雾。"阿卜杜拉绝望地附和道,"那个愿望是你没法实现。你第一次说那个规则时,我明明听见说你每天得达成你主人一个愿望,但现在你还没办到。"

"天哪!"妖怪厌烦地说,"这年轻人是咖啡店的律师。"

"我当然是。"阿卜杜拉有些激动,"我是来自赞泽堡的公民,那里每个孩子都懂得维护自己的权利。道理再明确不过,因为除了你自己没别的人会维护你。我得说,你今天还没达成我的愿望。"

"狡辩。"妖怪说,交叉着手臂优雅地在他面前晃动,"你今天已经许过愿了。"

"但没达成。"阿卜杜拉说。

"这不是我的错,是你自己提出了一个我无法达成的要求。"妖怪说,"漂亮的女孩成千上万,我都可以带你去找她们。要是你喜欢绿头发的,找个海里的美人鱼也行。或者你不会游泳?"

飞奔而来的骆驼队现在非常靠近了。阿卜杜拉急忙说:"哦,紫色的魔幻之珠,请发发慈悲。这些赶来的士兵抓到我们后,肯定会将你从我手里夺走。如果他们回去把你上交给苏丹王,苏丹王每天会让你干很多事情,要你给他军队,给他武器,帮他打败敌人,非常累人。如果这些士兵把你私藏下来——这很有可能,因为不是所有士兵都很诚实——你每天会被转手来转手去,逐一满足队里每位士兵的要求,因此每天要达成很多愿望。无论哪种情况,都会比现在为我工作累得多,我每天只要求你做一件小事。"

"真是能言善辩!"妖怪说,"你虽然说得有理,但你想过没,从另一方面说,苏丹王或他的士兵会给我多么好的机会来制造灾难。"

"灾难?"阿卜杜拉问。他焦急地望着飞奔而来的驼队。

"我从没说过我的愿望会造福任何人。"妖怪说,"事实上,我发誓,那些愿望会尽可能地搞破坏。比如,那些匪徒,因为偷了苏丹王的宴席,现在正在去监狱的路上,或者更糟。因为士兵们昨晚抓到他们了。"

"你不答应我的愿望就是在给我制造更大麻烦。"阿卜杜拉说,"并且,我不像那些匪徒,不该受罚。"

"你认为自己不幸。"妖怪说,"我又何尝不是呢。我也不该被关在这瓶子里。"

现在这些骑兵已经近到能够看见阿卜杜拉了。他能够听得见远处的叫声，看得见箭已在弦上。"那么让我提前许明天的愿。"他急急地说道。

"这倒是个解决办法。"相当出乎阿卜杜拉的意料，妖怪同意道，"那么，什么愿望？"

"送我去找那个离我最近，能帮助我找到夜之花的人。"阿卜杜拉说，然后跳下沙丘，捡起魔瓶。"快点。"他对头顶上的妖怪说。

妖怪看上去有点儿为难。"奇怪。"他说，"我的预测能力通常是相当出色的，但我对此找不到一点儿头绪。"

一枚子弹扎进了不远处的沙子里。阿卜杜拉抓着魔瓶逃，妖怪就像一个巨大的蓝紫色蜡烛火焰在飘荡。"把我带到那个人那里去！"他叫道。

"我想我最好还是试试，"妖怪说，"你也许能从中找出端倪。"

阿卜杜拉跑着，感觉脚下的沙地似乎旋转起来。不一会儿，他似乎大步穿越陆地，而陆地也旋转着向他迎面扑来。除了手里那只魔瓶以及稳稳飘在瓶外的那缕妖怪青烟，双脚跑动的速度连同土地转动的速度让周遭的一切变得模糊，但阿卜杜拉知道，飞奔而来的驼队转眼间已经被甩在了后面。他继续大踏步向前，几乎走得像妖怪一样平稳，凉风吹来，心里满是欢喜。他似乎大步走了好一会儿。然后一切停止了。

阿卜杜拉站在一条乡村公路的中间，缓着气，好一会儿才适应这个新地方。这里很凉爽，跟赞泽堡的春天一样暖和。虽然湛蓝的天空里艳阳高照，但是光照比阿卜杜拉所熟悉的要温和暗淡。也许是因为路旁栽有这么多枝繁叶茂的树，给一切都罩上了树荫的缘故。抑或是因为路边上长着好多好多绿油油的草。阿卜杜拉定了定神，四处张望，寻找那个能帮他找到夜之花的人。

他能看见的就是公路转弯处隐匿在树丛中的一间小酒店。阿卜杜拉觉得它很不起眼。酒店是用木头和漆成白色的灰泥建成的，就像是赞泽堡贫民窟里最差的那种，而且主人似乎穷得只能用结实的草垛子来盖屋顶。有人在路旁种了红色和黄色的花，力图美化这个地方。酒店的招牌是一头出自蹩脚画家之手的狮子，飘扬在一根立于花丛的标杆之上。

现在到那地方了，阿卜杜拉低头看魔瓶，打算把塞子塞回瓶中。但他懊恼地发现，他好像把瓶塞给搞丢了，不是落在沙漠里就是在掉在路上了。哦，对了，他想起什么，把瓶口拿起来对着脸说："那个能帮我找到夜之花的人在哪里？"

一缕烟雾从瓶子里飘出来，在这个陌生的环境里，他看上去比平时更蓝。"红狮子酒馆门前睡在长凳上那位。"这缕烟恼怒地说完后，退回到了瓶子里。

瓶子里传来妖怪飘忽的声音："他很合我胃口，浑身透出一股子不诚实。"

第九章

阿卜杜拉遭遇老兵

阿卜杜拉朝小酒馆走去。他走近一看,酒馆外的木头长椅上确实有个男人在打盹。那里还有几张桌子,说明酒馆也供应吃的。阿卜杜拉悄悄地走到一张桌子后面,半信半疑地看着那个熟睡的人。

这男人看上去根本是个无赖。他的脸呈棕褐色,即使在赞泽堡,或者在那群匪徒中间,阿卜杜拉也没看到过像他脸上这种不诚实的纹路。他身边的地上搁着一个大背包,让阿卜杜拉起初以为他是个补锅匠,但他脸上倒是刮得干干净净的。阿卜杜拉见过的既没留大胡子也没留小胡子的其他人,就只有苏丹王的北方雇佣兵。有可能这人是个雇佣兵。他的衣服看上去的确像是某种穿旧了的制服,并且就像苏丹王的士兵那样,他把头发扎成一根麻花辫垂在背后。这是赞泽堡人非常讨厌的一种装扮,据说这根辫子从来不梳洗。看着那人搭在长椅背上的辫子,阿卜杜拉对此深信不疑。不单单是这条辫子，他整个人都不干净。他满是污垢的头发看上去本该是铁灰色的。不过，虽然他不年轻了，但看上去很强壮，很健康。

阿卜杜拉不知道是否要叫醒这个人。他看上去不值得信任。并且妖怪坦率承认过，他帮你所达成的愿望，多多少少会招来灾祸。"这个男人也许能领我去见夜之花，"阿卜杜拉沉思道，"但他一定也会在路上抢劫我。"

正在犹豫时，一个穿围裙的女人来到门口，也许是想看看外面是否有客人。她穿得看上去像一个鼓鼓的沙漏，阿卜杜拉觉得很特别，也很碍眼。"哦！"她说，她看到了阿卜杜拉，"先生，你想吃点什么吗？你应该敲敲桌子招呼我，这里的人都这么做。你想吃什么？"

她说话带着和北方雇佣兵一样的蛮夷口音。从这一点阿卜杜拉推断出，他来到了这些雇佣兵的故乡。他对她微笑，问道："你这里供应什么？哦，路边的宝石？"

显然，之前没人叫过这女人宝石。她满脸飞红，手里绞着围裙，堆起笑。"嗯，现在有面包和奶酪。"她说，"晚饭正在做。如果你能等半小时，先生，你可以吃上美味的野味馅饼，并配上自家菜园里种的蔬菜。"

阿卜杜拉觉得这听上去不错，远远超出他对一家茅草顶酒馆的期望。"那我会很乐意等上半小时的。哦，老板娘中的美娇花。"他说。

她又堆起笑，"先生，要不趁等的时候来上一杯？"

"当然。"阿卜杜拉说，他刚从沙漠来，口还是很渴，"能麻烦你来杯冰冻果子露吗？如果没有，那就随便来杯别的什么果汁吧。"

她看上去很为难："哦，先生。我——我们不怎么喜欢果汁，另一种，我听都没听说过。来杯上好的啤酒如何？"

"什么是啤酒？"阿卜杜拉谨慎地问。

这个问题问倒了老板娘："我——嗯，我——它是——呃——"

睡在那条长椅上的男人起身，打着呵欠，"啤酒是爷们唯一该喝的饮料。"他说，"好东西。"

阿卜杜拉再次转身看他，发现自己正盯着一双平静的蓝眼睛，如这白天一样清澈。他在醒来的这张古铜色脸上找不到一丝一毫的不诚实。

"由大麦和啤酒花酿造而成。"这汉子又说，"趁老板娘在这里，我也来上一品脱。"

老板娘的表情立刻变了。"我告诉过你了，"她说，"要我给你上吃的，你得先让我看看你手里有多少钱。"

这汉子不生气，蓝色的眼睛可怜巴巴地看着阿卜杜拉。然后，他叹了口气，从旁边的行李里拿出一个长长的白色陶土烟管，装上烟丝并点着了火。

"要啤酒吗，先生？"老板娘说着，又一脸堆笑地问阿卜杜拉。

"如果你有的话，慷慨大方的女士。"他说，"给我来一点儿，同时给这位先生也来一些。"

"很好，先生。"她说道，极其讨厌地看了一眼梳辫子的男人，走回屋里。

"我说,你真是好心肠。"这男人对阿卜杜拉说,"从远方来的,是吧?"

"从很远的南边来,尊贵的流浪者。"阿卜杜拉谨慎地回答。他没忘记这人熟睡时看上去的不诚实之相。

"从外国来,嗯?我想一定是,被晒成那个样子。"男人评论道。

阿卜杜拉很确定这个家伙是在套信息,看他是否值得抢劫。所以当男人不再提问时,他觉得很惊讶。

"你知道,我也不是本地人。"这人说道,从大烟管里喷出一团团烟雾来,"我是怪奇吉亚人。当兵多年。我们被英格里打败后,我就拿着遣散费,四处游荡。你也看到了,英格里这边的人对我这身制服很有偏见呢。"

当老板娘带着两杯冒着泡的棕色液体转回来时,他当着老板娘的面这样说。老板娘只是重重地将杯子摔在他面前,然后仔细而礼貌地将另一杯放在阿卜杜拉面前。"半小时后开饭,先生。"说着离开了。

"干杯。"老兵举起杯子说。他喝了一大口。

阿卜杜拉谢过老兵。从老兵的言谈听出,他现在身在英格里。他也回敬道"干杯",迟疑地举起了自己手中的杯子,在他看来,杯子里的东西像是骆驼尿。他闻了闻,那气味没有让他产生好感。但因为仍然渴得要死,他到底还是尝了尝。他小心地喝了一口,不错,很解渴。

"不错,是吧?"老兵说。

"它非常有意思,哦,战士中的上尉。"阿卜杜拉说,并尽量保持平静。

"有意思，你可以叫我上尉。"老兵说，"当然，我不是上尉，最多就是个下士。虽然打过很多仗，也想晋升，但没等撞上机会，敌人就把我们打败了。你知道，很糟的战斗。当时我们还在行军，谁也没想到敌人会在那里。我是说，都结束了，吃后悔药也没用了，但我坦白告诉你，英格里人没用正当手段来打仗。是两个巫师帮他们赢的这场仗。我说，像我这样的一个普通士兵面对巫术，能做什么？什么也做不了。要我给你看这场仗是怎么打的吗？"

阿卜杜拉明白妖怪的险恶用心了。这个据说能帮助他的人显然无聊透顶。"我对军事一窍不通，哦，英勇的军事家。"他肯定地说。

"没关系。"老兵高兴地说，"你听我说，我们是全线溃败，只能逃。英格里打败我们，并占领了整个国家。我们的王室，上帝保佑他们，他们也得逃，所以他们让英格里国王的弟弟做我们的王。有传言说，为了让王位名正言顺，让他娶我们的碧翠斯公主。但她和整个王室一起逃走了——保佑她长命！——找不到她。听着，这个新国王也不是一无是处，在解散怪奇吉亚军队前，给每个士兵发了遣散费。想知道，我是怎么花这笔钱的吗？"

"如果你愿意告诉我的话，最最勇敢的老兵。"阿卜杜拉说，忍住了一个呵欠。

"我要亲眼看看英格里。"老兵说，"我决定走遍这个打败我们的国家。在我安定下来以前，得看看它到底是什么样。我的遣散费还不少。只要我精打细算地花,够我的路费。"

"祝贺你。"阿卜杜拉说。

"遣散费的一半是用金币付的。"老兵说。

"真是不错。"阿卜杜拉说。

总算有些当地的客人来光顾了。大部分都是农民,他们穿着脏兮兮的马裤,奇形怪状的工作服——这让阿卜杜拉联想起了他的睡衣——脚上穿着笨重的靴子。他们兴致很高,大声地讨论着庄稼——听起来年景不错——不停地敲打桌子要啤酒喝。

老板娘和一个小个子的老板端着盘子和杯子,来回穿梭。在这之后,来的客人越来越多。

并且——阿卜杜拉不知道是解脱,是恼怒,还是好笑——老兵立刻对阿卜杜拉失去了兴趣,热心地和刚来的客人攀谈上了。他们一点儿也不觉得他无聊,也不担心他曾经是敌对国的士兵。其中一人立马请他喝了一杯啤酒。随着来人越来越多,他变得更受欢迎了。啤酒杯在他身边排起了队,很快有人为他点了晚饭。在簇拥着他的人群之外,阿卜杜拉断断续续地听到这些:"大仗啊……你们的巫师发挥了作用,看……我们的骑兵……放弃了左翼……在山上控制了我们……我们,步兵不得不跑……继续像兔子一样跑……不是坏的那种……包围了我们,给了我们遣散费……"

这时,老板娘端着个热气腾腾的盘子走向阿卜杜拉,并主动再给他上了些啤酒。他还是很渴,看到啤酒很高兴。晚餐对他来说,就如苏丹王的宴席那样可口。有那么一会儿,他只顾着吃,没留神老兵。他再看时,老兵正身子前倾,越过自己面前的空盘子,移动着桌上的杯子和盘子,演示怪奇吉亚之战的确切阵势给那些农民看,那双蓝眼睛闪耀着极大的热情。

不一会儿,他把杯子、叉子和盘子都用完了。因为他已经用盐和胡椒代替怪奇吉亚国王和元帅,他没有东西可以用来代替英格里国王及他的兄弟,或者国王的两个巫师。但这没有难住老兵。他打开了腰带上的一个小袋子,拿出两个金币和几个银币,用来代替英格里国王,以及他的巫师及兄弟。

阿卜杜拉禁不住想,他这个做法很愚蠢。这两个金币引来了好一阵议论。邻桌的四个粗鲁的年轻人在他们的长椅前转悠,显示出了极大的兴趣。但老兵讲战事讲得太投入,完全没意识到这点。

最后大部分围着老兵的农民起身回去工作了。老兵和他们一起站起身,扛起背包,从背包上层拿出肮脏的士兵帽戴到头上,问去镇上最近的路。此时每个人都在大声地给老兵指路,而阿卜杜拉在找老板娘结账。老板娘来得有些慢,等她来了,老兵已经消失在公路的拐弯处。阿卜杜拉不遗憾。不管是什么原因让妖怪觉得这人能帮到他,但阿卜杜拉觉得没他也行。他很高兴这一次命运和他的想法一致。

阿卜杜拉不像老兵那么傻,他用最小的银币来付账。但银币在这里似乎也是大钞票。老板娘拿进屋去换零钞。在等找钱的时候,他不由得听到了那四个粗鲁年轻人的谈话。他们正在匆匆忙忙地商量要事。

"如果我们抄这条旧的马道上去,"一个说,"我们能在山顶的林子里抓住他。"

"躲在道路两旁的树丛里。"第二个附和道,"那样我们可以两路包抄。"

"把钱四等分。"第三个强调说,"他的金币不止那些,那是一定的。"

"那之前,我们得确定他已经死了。"第四个说,"不能让他说出去。"

"没错。""没错。""没错。"其他三个纷纷说。就在老板娘拿着两把铜毫子匆匆向阿卜杜拉走来时,他们起身离开了。

"我希望,钱找得没错,先生。我们不常收到南方的银币,我不得不问我丈夫那银币值多少钱。他说一个值我们一百铜毫子。你得付我们五个铜毫子,所以——"

"保佑你,哦,能干的店家,天才的啤酒酿造师。"阿卜杜拉匆匆说道,老板娘显然想和他好好地聊会儿天,但阿卜杜拉给了老板娘一把铜毫子,匆忙离开去追赶老兵了,留下老板娘在身后望着他。这个老兵也许是个没胡子的寄生虫,一个无聊透顶的家伙,但这并不意味着他活该因为金币遭人暗算,并就此送掉性命。

第十章

暴力和流血

阿卜杜拉发现他不能走得很快。英格里气候凉爽,坐着不动时,双腿又令人不爽地僵硬起来。并且之前走了一天的路,腿还发痛,藏在左边靴子里的钱袋在他脚上磨出了个大泡。他一瘸一拐地走了一百码的路,因为仍旧担心着老兵,所以尽可能地走得快些。他一瘸一拐地经过了几个茅草顶小屋,出了村子,路面更开阔了。他可以看见老兵远远地走在前面,悠闲地朝盘山公路走去。山上满是本地品种的树木,枝繁叶茂,正是那四个粗鲁青年计划的埋伏之地。阿卜杜拉试图走得更快些。

瓶子在他腰间晃荡不停,一缕蓝烟生气地从瓶子里冒出来:"你非得走得那么跌跌撞撞吗?"

"是的。"阿卜杜拉气喘吁吁地说,"你挑选的那个能帮我的贵人,反倒需要我的帮助。"

"哼!"妖怪说,"现在我了解你了。没什么能阻止你用浪漫的眼光看待生活。你下个愿望将会是要闪闪发光的盔甲了。"

老兵晃悠得很慢。阿卜杜拉拉近了自己和他的距离，并不甘落后地进了林子。但进了林子后，为了方便人攀爬，公路开始盘旋起来。所以阿卜杜拉时不时地就会看不见老兵，直至转过最后一个弯，他又出现在了前方几码远的地方。就在此时，那几个无赖开始袭击。

两个无赖从路的一边跳出来，扑向老兵的身后；另外两个从路的另一边跳出来，迎面冲向他。几人立刻有了一番恶斗。阿卜杜拉急忙想上前帮忙，虽然一时间他有些迟疑，因为这辈子他没打过人。

等他靠近时，一连串的奇迹发生了。偷袭老兵身后的那两个家伙向后跌出，落在公路两边，一个头撞在树上，再也不动了；另一个摔了个四仰八叉。迎面扑来的两个，一个立刻受伤了，伤得很有意思，像是在演戏；另一个大大出乎阿卜杜拉的意料——他飞到半空中，立刻掉在一个树枝上，从那里坠落，摔到地上不省人事。

此刻，那个佯作受伤的年轻人，起身拿着一把长匕首，朝老兵扑来。老兵抓住那人握着匕首的手腕，一时两人僵持不下，阿卜杜拉完全相信老兵很快会打破僵局，取得上风。他正心想，为老兵担心真是全无必要。那个在老兵身后摔得四仰八叉的人，突然起身冲向老兵身后，手里拿着另一把又长又细的匕首。

很快，阿卜杜拉伸出援手。他上前一步，用魔瓶狠狠地砸向那年轻人的头。"哎哟。"妖怪叫道。那家伙像棵橡树一般直挺挺倒下了。

听到这个声音,老兵突然转身,那会儿他正在捆绑那个被他制服的年轻人。阿卜杜拉赶紧后退一步。他不喜欢老兵那转身的速度,也不喜欢他两手握拳的方式——十指紧缩,像两个不锋利但足以致命的武器。

"我听到他们想要谋害你,勇敢的老兵,"他赶紧说,"想前来报信或者帮忙。"

他发现老兵盯着他的双眼,眼睛非常蓝,但不再清澈。即使在赞泽堡的市场里,这双眼睛也算得上精明。这双眼睛正在尽其可能地对阿卜杜拉进行评估。所幸,他对眼前的一切感到很满意。老兵说:"那谢啦。"转身踢了一脚他正要捆绑的那个年轻人的脑袋,那人也不动了,全部搞定。

"也许,"阿卜杜拉提议道,"我们应该向治安官报告。"

"为什么?"老兵问。他弯下身,让阿卜杜拉稍感意外的是,他快速而熟练地搜了搜被他踢了脑袋的年轻人的口袋。结果搜出一大把铜子,老兵把它们装进自己口袋,看上去很满意。"烂刀一把。"他说着将刀一折为二,"你既然在这里,为什么不搜一下被你砸倒的那人,而我去搜剩下那两个。你那个看上去有一些银币什么的。"

"你是说,"阿卜杜拉不解地说,"此地的风俗允许我们打劫强盗。"

"我没听说过这样的风俗。"老兵平静地说,"不过,不管怎样,这是我想要的结果。不然你觉得,我为何要在酒馆里这么刻意地招摇我的金币?总有那么一两个坏家伙,以为可以打劫一个愚蠢的老兵。而几乎所有的老兵都带着现金。"

他走到公路另一头开始检查从树上掉下来的那个年轻人。犹豫了一会儿,阿卜杜拉不太情愿地弯下腰去搜查被他用魔瓶砸中的年轻人。他对老兵的看法又有了些改变。此外,与其和一个能赤手空拳撂倒数名偷袭者的人为敌,还不如与他友好相处。这个不省人事的年轻人口袋里还真有些银币,此外还有把匕首。阿卜杜拉想学老兵处理另一把匕首那样在路上弄断它。

"哦,别。"老兵说,"那是把好刀。你留着它。"

"说实话,我从不用刀。"阿卜杜拉说着把它递给老兵,"我是个爱好和平的人。"

"那你在英格里就走不远。"老兵说,"留着它。如果你愿意的话,留着它来切肉。我背包里有六把比那还好的匕首,都是从不同的无赖身上拿来的。银币也归你了——尽管,从我对你谈论金币时,你那不感兴趣的样子看,我猜你非常富有。是吧?"

真是个精明而眼光毒辣的人,阿卜杜拉想。他把银币装进口袋。"我没那么富有,富到不要钱了。"他谨慎地说。然后,他觉得自己做了一件正确之事,除下那个年轻人身上的鞋带,用它将魔瓶牢牢地系在腰带上。他这么做的时候,那年轻人动弹了一下,发出低低的叫声。

"醒过来了。我们最好离开。"老兵说,"他们醒过来后,会四处造谣说我们袭击他们。这是他们的地盘,我们两个都是外乡人,大家只会信他们的。我得马上抄近道翻过这座山去,如果你听我的,也得这样做。"

"我会的,最温和的战士,如果能和你同行,我很荣幸。"

阿卜杜拉说。

"我不介意。"老兵说，"有个可以说真话的同伴会有些不同。"他拿起背包和帽子，在战斗开始之前，他似乎来得及把这两样东西整齐地放在一棵树后。

他们不慌不忙地在林子里攀爬了好一会儿，老兵使得阿卜杜拉非常不舒服。他大步流星，仿佛是轻松地在走下山的路。而阿卜杜拉一瘸一拐地跟在后面。他的左脚非常痛。

最后，老兵停了下来，在山上的一个谷地里等他。"那只漂亮的鞋子在给你罪受？"他问。"坐在那石头上，把鞋脱掉。"他说着取下背包。"我这里有些不同寻常的急救包。"他说，"从战场上捡来的。我想，是在怪奇吉亚的什么地方捡的。"

阿卜杜拉坐下来，费力地脱下靴子。脱下靴子后，他感觉一阵轻松，但看到自己的脚心里立马不轻松了。脚确实被擦伤了。老兵咕哝着，拍了些白色的膏药在他脚上，并没用什么绷带。阿卜杜拉大叫，然后一阵凉凉的快意从所敷的膏药上传来。"这是什么魔法吗？"他问。

"也许。"老兵说，"我觉得英格里的巫师给他们整个军队配备了这种急救包。穿上靴子，你现在可以走了。我们得在这些男孩的父亲骑马来找我们之前走得远远的。"

阿卜杜拉小心地把脚伸进靴子。这敷的东西一定有魔力，他的脚复原如初，几乎能跟上老兵的步伐了——后者不停地向前向高处走，直到阿卜杜拉觉得他们现在所走的路抵得上昨天在沙漠走一天那么远。阿卜杜拉忍不住时不时地紧张回望，以防有马匹追来。没人跟在你后面穷追不舍的确不错，但他告诉自己，马匹和骆驼不一样。想到这里，他觉得即便是在赞泽堡市场，父亲大老婆的亲戚们在父亲死后，对待他的方式也属于穷追不舍。他对自己先前没看清楚这一点很是懊恼。

这时，他们已经爬得很高了，树林变成了稀稀朗朗的灌木，散落在石头间。夜幕降临，他们穿行在岩石间，几乎来到了山顶，那里只有一些气味很浓的灌木长在石头岩缝里。这是另外一种荒漠。当老兵领头在高大的岩石间沿着一条狭窄沟壑行走时，阿卜杜拉想，这个地方不可能找到吃晚饭的地方。

在沟壑里走了一会儿，老兵停下来，取下背包。"帮我看一会儿。"他说，"这边的悬崖上好像有个山洞。"

阿卜杜拉疲倦地抬起头，他们头上的岩石确实有个黑洞洞的开口。他不想睡那里面。它看上去又冷又硬。但那也许总比躺在岩石上要强。他懊丧地看着老兵轻松地翻上峭壁，进到了洞里。

那里传来令人无法忍受的金属滑轮般的噪音。

阿卜杜拉看见老兵从山洞里撤出来，一手遮着脸，几乎掉下悬崖。他好歹自己稳住了身体，从岩石上面翻滚下来，一时碎石四溅。

"那里面有野兽！"他气喘吁吁地说，"我们继续走。"八处长长的抓痕流了好多血。四条抓痕始于额头，划过手背，往下到脸颊和下巴。看上去，他是及时用手去挡，才保住了一只眼睛。另外他的袖子被撕破了，手腕和肘关节间有四条抓痕。他看起来站立不稳，阿卜杜拉不得不拿起帽子和背包，急匆匆地带领他沿着沟壑走下去。无论是什么动物，能让老兵吃亏的肯定不是什么善主，阿卜杜拉可不想撞上它。

又走了一百码，出了沟壑，前面是块极佳的露营地。他们已来到了山的另一边，向远处望去，风景很好，夕阳西下，一切都变成朦胧的金色和绿色。沟壑前面是片开阔的岩石斜坡，有岩石悬在上方，几乎就像是另外一个山洞。更为理想的是，有一条石头小溪从刚刚翻越过的山上潺潺而下。

虽然很不错，但阿卜杜拉不想停下，因为这里离山洞里的野兽这么近。但老兵坚持要留下来。那些伤口在折磨他。他一头倒在岩石坡上，从神奇的急救包里拿出某种膏药。"生个火。"他边说边将那些东西往伤口上涂，"野兽怕火。"

阿卜杜拉只得照办。他四处攀爬，折些气味很浓的灌木来烧火。一只鹰或其他的什么鸟很久以前曾在这个峭壁上做过窝，这个废弃的鸟巢让阿卜杜拉找到一捧细枝条和干树枝，因此很快就弄到了一大堆柴火。老兵涂完膏药后，拿出一个火引子，在斜坡的半当中生了一小堆火。柴火烧得噼啪响，火苗子跳跃得很是欢快。这股烟，闻上去像阿卜杜拉以前铺子里的熏香味，从沟壑的这一头飘散开去，弥散在夕阳西下的壮丽景致中。阿卜杜拉想，如果这能吓跑山洞里的野兽，这地方就几近完美了。仅仅是"几近"完美，因为这里方圆几里找不到吃的。阿卜杜拉叹了口气。

老兵从背包里拿出个金属罐头。"想用那个装水吗？除非，"他说，看着阿卜杜拉腰带上的魔瓶，"你那瓶子里有些酒。"

"哎，不。"阿卜杜拉说，"它只是个传家宝——辛吉斯潘罕见的雾化玻璃——我带着它只为留个念想。"他不想让老兵这样不诚实的人知道有关妖怪的事。

"遗憾。"老兵说,"去弄点儿水来,那样,我能给咱俩做点儿晚饭。"

这使得这个地方接近完美了。阿卜杜拉卖力地跳下小溪去。回来时,他发现老兵已经拿出一个炖锅,把一包包干肉和干豆子拆开来放进锅子里。他加入水,以及两个神秘的小方块,放到火上烧。很快,这些就变成了浓浓的炖汤,闻上去很香。

"又是巫师的玩意?"老兵将一半的炖汤倒在一个锡盘里分给阿卜杜拉,阿卜杜拉问道。

"我想是的。"老兵说,"我从战场上捡来的。"

他自己就用那个炖锅吃,并找出两个勺子。他们友好地相对而坐,篝火在他们中间烧得旺旺的。天空慢慢变成了粉红色和金色,天空下的地面变成了蓝色。"不习惯吃苦,对吧?"老兵说道,"你衣着考究,靴子漂亮,衣服和鞋子虽有些磨损和开裂,但看上去是最近才弄成这样的。从你说话的口音和皮肤被晒伤的样子看,你从英格里南面很远的地方来,不是吗?"

"你说得没错,哦,最善于观察的老兵。"阿卜杜拉谨慎地说,"我只知道你来自怪奇吉亚,并以最古怪的方式行走于这片国土上,通过炫耀你的遣散费来鼓励别人打劫你——"

"去他的遣散费!"老兵生气地打断了,"无论是从怪奇吉亚还是英格里那里,我一个子儿都没拿到。我提着脑袋帮他们打仗——我们都是——临了,他们说:'好了,小伙子们,现在战争结束了!'结果我们全都没饭吃了。所以我对自己说,

"一点儿没错,得有人为我这么拼死拼活买单,我思量那该是英格里人。是他们用巫师作弊赢了这场战争!所以我出发,从他们身上赚遣散费,就是你今天看到的方法。你要将它称之为诈骗,由得你,但你也看到了,你给我评个理,我只从那些想要抢劫我的人身上捞钱!"

"确实,诈骗二字我从没说过,正直的老兵。"阿卜杜拉认真地说,"我把它叫作最巧妙的谋划,除了很少有人能这样得手。"

老兵听到这话似乎平静了些。他沉思地盯着远处那片黑色。"那一整片,"他说,"那是金斯伯里平原。那里能带给我很多金子。你知道吗?我从怪奇吉亚出发时,我身上只有一个值三便士的银币和一个用来冒充军官的铜纽扣。"

"那么你赚了好大一笔钱。"阿卜杜拉说。

"还会赚更多的。"老兵发誓说。他熟练地把炖锅放在一旁,从背包里掏出两个苹果。一个给阿卜杜拉,另一个自己吃。他仰面躺着,注视着渐渐暗下来的地平线。

阿卜杜拉猜老兵正盘算能挣多少金子。当他听到老兵说"我一直很喜欢在晚上扎营。看看现在的夕阳,多壮观!"时,他有些意外。

确实很壮观。云彩来自南边,像一幅红宝石般的风景画横跨过天空。阿卜杜拉看见被染成酒红色的紫色山脊成了这画中的一部分,那冒着烟的橘红色裂口就像是火山口,还有一个平静的玫瑰色湖泊。再远处是一片无垠的由金色和蓝色组成的天空之海,有岛屿、暗礁、海湾和海角。仿佛他们此刻正望着天上的海岸，或是西方的极乐世界。

"那边的那片云，"士兵指着说，"那片云看上去不就像个城堡吗？"

的确是。它在一个天空潟湖上方的海岬上，由金色、红色和蓝色的细长塔楼组成，蔚为壮观。乍一看，最高的塔楼上透射出金色的天空，就如同一扇窗户。它让阿卜杜拉心酸地想起了他在被拖向地牢时，在苏丹王王宫上面看到的云。虽然它们的形状不尽相同，但也不禁勾起了他的伤心事，他叫了起来。

"哦，夜之花，你在哪里？"

第十一章

野猫害阿卜杜拉浪费了一个愿望

老兵转过身支起胳膊,盯着阿卜杜拉。

"那是什么意思?"

"没什么。"阿卜杜拉说,"我的生活充满了失意。"

"说吧。"老兵说,"不要有顾虑,毕竟,我把自己的经历都告诉你了。"

"你不会相信的。"阿卜杜拉说,"最最凶狠的火枪手,我实际上比你还要不幸。"

"说来听听。"老兵说。

不难知道,是落日将阿卜杜拉的伤心事勾了上来。当空中城堡慢慢扩散开来,消失在天空潟湖的沙堤上时,整个落日慢慢变成了紫色、棕色,最后变成了三抹暗红色的条纹,就像是老兵脸上刚刚愈合的抓痕。阿卜杜拉跟老兵诉说他的伤心事,不管怎样,他只拣重要的说,他当然没有说白日梦里一些私密的东西,以及后来梦想成真时那些不愉快的感受,并且他很小心地故意不提妖怪。他不相信老兵会不趁着夜色拿走魔瓶，并带它消失得无影无踪——他故意改编这些事实，是因为他怀疑老兵也没说出全部实情。缺了妖怪，故事的最后一部分就比较难以自圆其说，但阿卜杜拉认为自己处理得相当不错。他让人觉得他或多或少是借助意志力挣脱锁链，逃离了匪徒，然后一路向北走到英格里的。

"嗯。"阿卜杜拉说完后，老兵说。他一边沉思，一边往篝火里又添了些有气味的灌木，现在这火堆是唯一的光亮了。"是够遭罪的。但我得说，命中注定要娶一位公主，这是件好事，值啊。这是我自己一直想做的事——娶一位性格好的公主，拥有一个小王国。有点儿像是我的白日梦，真的。"

阿卜杜拉觉得自己有了一个不错的主意。"对你来说很有可能。"他平静地说，"我遇见你的那天，我被托了个梦——梦见——哦，最最聪明的圣骑士，你睡在小酒馆外的长凳上时，一位淡紫色的烟雾天使来到我身边，把你指给我。他说你能帮上大忙，助我找到夜之花。如果成了，天使说，你的奖赏是也娶上一位公主。"这是——或者会是——八九不离十的事，阿卜杜拉暗自想道。明天他只要对妖怪许下这样一个愿望就可。或者应该说是后天，他提醒自己，因为妖怪迫使他把明天的愿望提前用掉了。"你会帮我吗？"他问，借着火光很是焦急地看着老兵的脸，"为了这个大奖励。"

老兵既不热切，也不沮丧，他考虑着。"不知道我能帮什么。"他最后说，"首先，我对神灵不在行。我们似乎还没到北边的腹地。你得去问英格里那些该死的巫师，神灵偷了公主干什么用。那些巫师会知道。如果你愿意，我能帮你撬开巫师的嘴，这事我乐意干。至于公主，她们不会从天上掉下来。最近的一个，就是英格里国王的女儿。在离此地很远的金斯伯里。如果她就是你那位烟雾天使朋友所指的公主，我想我们最好去那里看看。国王花钱雇的那两个巫师很可能也住在那里。他们会告诉我实情，那样事情就顺了。这想法合你的意吗？"

"太棒了。我的知心兵大哥。"阿卜杜拉说。

"那就这么定了——但记住，我没保证任何事情。"老兵说。他从背包里取出两条毯子，建议把火堆弄好了就睡觉。

阿卜杜拉小心地从腰间解下魔瓶，放在身旁的平整岩石上，远离老兵的那一侧。然后他裹上毯子睡觉，结果那是个相当不太平的夜晚。岩石很硬，虽然夜晚不像昨天在沙漠那么冷，但英格里潮湿的空气让他抖个不停。此外，他一闭上眼睛，满脑子就是沟壑上边山洞里的野兽。他不断想象自己能听见它在营地里徘徊。一次，或两次，他睁开眼睛，甚至看见篝火那头有东西在移动。每次他都坐起身来，往火里再扔些柴火。篝火闪耀，但火光之下，那里什么也没有。过了很久，他才入睡。睡着后，他做了个毛骨悚然的梦。

他梦到，在黎明时分，一个神灵过来坐到他的胸口上。他睁眼叫它离开，发现那根本不是神灵，而是那洞里的野兽。它站在那里，两只巨大的前爪压在他胸前，黑丝绒般的皮毛里，两盏蓝灯般的眼睛向下注视着他。阿卜杜拉能想到的是，它是一个巨大的黑豹模样的恶灵。

他大叫一声坐起来。

那里自然什么也没有。天刚刚破晓，篝火成了个樱红色的烟火堆，周围一片灰暗。老兵躬身睡在火堆的另一边，轻轻地打着呼，身影更暗。他身后的低地是雾蒙蒙的一片白色。阿卜杜拉疲倦地将另一个树枝放到火堆上，又睡着了。

他被妖怪飘忽的咆哮声惊醒。

"让这东西停下，把它从我身边赶走！"

阿卜杜拉跳起来。老兵也跳起来。天大亮了。他俩看得没错，一只小黑猫蹲在魔瓶旁边，阿卜杜拉睡觉时头就搁在这边上。这猫或是好奇，或是确信瓶子里有可以吃的东西。它优雅而坚定地用鼻子锁定瓶颈。在它漂亮的黑脑袋旁，妖怪分成十几股扭曲的蓝烟从瓶中冲出，这些烟缕不断变幻成手或脸，然后又变回烟。

"帮帮我！"他大叫，"它想吃了我，或什么的。"

猫全然没注意妖怪。它继续行动，好像瓶子有最诱人的香味。

在赞泽堡，人人讨厌猫。人们认为猫比它所吞吃的老鼠好不到哪里去。人人都说，如果一只猫靠近你，你就用脚踢它，并淹死所有你能找到的小猫咪。因此阿卜杜拉朝着猫奔去，准备对着它飞起一脚。"嘘！"他叫道，"走开！"

猫跳开了，多少避开了阿卜杜拉的一脚，逃到了悬在头顶的岩石上面，对着他龇牙怒视。它不聋，阿卜杜拉想。他盯着它那双眼睛看，发现它们是蓝的。那么，昨晚坐在他身上的就是这东西了。他捡起一块石头，抡圆了膀子要扔。

"住手！"老兵说，"可怜的小东西！"

这猫没等阿卜杜拉扔石头,就消失了。"这东西没什么好可怜的。"他说,"你必须清楚,好脾气的枪手,昨晚,那畜生差点要了你一只眼睛。"

"我知道。"老兵温和地说,"它只是自卫,可怜的东西。在你酒瓶里的是个妖怪?你的蓝色烟雾朋友?"

有个卖地毯的旅行者曾告诉阿卜杜拉,大部分北方人对动物有着莫名的好感。阿卜杜拉耸耸肩,不快地转向魔瓶,妖怪没说一声谢谢,就已消失在瓶中。这没什么好奇怪的!现在他得像鹰一样看守这个瓶子。"是的。"他说。

"我想也是。"老兵说,"我听过有关妖怪的传说。来,看看这个,如何?"他弯腰,很小心地捡起帽子,很奇怪、很温柔地朝着帽子微笑。

今天早上,这个老兵肯定有什么地方不对劲了——好像一夜间心肠变软了。阿卜杜拉怀疑是否因为这些抓痕的缘故,虽然它们现在差不多已经看不见了。阿卜杜拉不安地走过去。

立刻,那猫又站在了头顶的岩石上面,发出那种金属滑轮般的噪音,全身每个线条都透着愤怒和担心。阿卜杜拉不管它,往老兵的帽子看去。满是油污的帽子里,一双圆溜溜的蓝眼睛向他望来。粉红色的小嘴发出吱吱的抗议声,小小的黑身躯爬到帽子的后部,使劲地摇晃着瓶刷般的小尾巴以保持平衡。

"它难道不可爱吗?"老兵痴迷地说。

阿卜杜拉瞄了一眼岩石顶上嚎叫的猫,愣住了,又仔细地看了看。这东西突然变得很庞大——一只大黑豹蹲在那里,对着他龇着大白牙。

"这两个东西一定是哪个巫师的,勇敢的同伴。"他不寒而栗地说。

"如果真是这样,那这巫师一定是死了或怎样的。"老兵说,"你看它们——它们生活在野外的山洞里。那母猫一定是在晚上把小猫带到这里的。太妙了,不是吗?它一定知道,我们能帮助它。"他抬头看着在岩石上咆哮的野兽,似乎没注意到它变大了。"来,下来,宝贝儿!"他好言哄劝道,"你知道,我们不会伤害你和你的小猫的。"

母猫从岩石上跳起来。阿卜杜拉发出一声尖叫,躲闪着,一屁股坐下了。那个巨大的黑色身躯从他头顶一跃而过——出乎他的意料,老兵开始大笑。阿卜杜拉愤愤然地抬头,发现这畜生又变回了小黑猫,极其亲热地绕着老兵宽阔的肩膀走着,并用身子去蹭他的脸。

"哦,你是个尤物,小午夜。"老兵轻笑着对猫说道,"你知道我会照顾你的毛小子,对不?是的。你这个喵喵!"

阿卜杜拉厌烦地站了起来,背转身去不想看这场爱心盛宴。炖锅在晚上被舔了个干净,锡盘也被蹭得发亮。他去把两个都洗了,同时希望老兵很快忘了这些有魔法的野兽,考虑一下早餐的问题。

但是等老兵把帽子放下,并小心地把母猫从他肩膀上扒下来后,他首先考虑的是猫们的早餐。"它们需要牛奶,"他说,"还有一盘新鲜的鱼。让你的妖怪给它们弄些来。"

一股蓝紫色的烟雾从瓶口冲出来,弥漫成一张生气的妖怪脸。"哦,不。"妖怪说,"一天只满足一个愿望。他昨天就用掉了今天的愿望。自己去小溪钓点鱼来。"

老兵生气地朝妖怪走去。"这么高的山里没有鱼。"他说,"那个小午夜快饿死了,它得喂它的小猫咪。"

"太糟糕了。"妖怪说,"别想威胁我,老兵。有人没有你过分,也变成了蛤蟆。"

老兵显然是个勇敢的人——或者是个愚蠢的人——阿卜杜拉想。"你敢那样做,我就打翻你的瓶子,不管我变成什么样子。"他叫道,"我不是为自己要的鱼!"

"我宁愿人们自私点。"妖怪回答道,"那么你是想变成蛤蟆啦?"

更多的蓝烟从瓶子里喷出来,形成了手臂,并做着手势,阿卜杜拉担心他认真起来。"不,不,停下。我恳求你,精灵里的蓝宝石!"他急忙说道,"别管老兵。算帮我一个大忙,同意让我再预支一天的愿望,那样猫们就有吃的了。"

"你也想变成蛤蟆吗?"妖怪问道。

"如果预言写着,夜之花要嫁给一只蛤蟆,那就把我变成一只蛤蟆吧。"阿卜杜拉虔诚地说道,"但先拿点鱼和牛奶来,妖怪。"

妖怪生气地打旋:"见鬼的预言!我不能违背它。好吧,只要接下来的两天你让我清净一下,我就满足你的愿望。"

阿卜杜拉叹了口气,白白浪费了一个愿望:"很好。"

一瓦罐牛奶和一个装着三文鱼的椭圆形盘子,"砰"的落在他脚边的岩石上。妖怪厌恶地看了阿卜杜拉一眼,自行钻回到瓶子里去了。

"太棒了。"老兵说,并开始大动干戈地把三文鱼泡到牛奶里煮,还确保里面没有鱼骨头会让猫噎住。

那猫,阿卜杜拉注意到,这会儿一直在帽子里安静地舔着它的小猫。它似乎不知道妖怪在那里,但它完全知道三文鱼的事。刚开煮,它就离开小猫,虚弱而急切地围着老兵转悠并发出叫声。"快了,快了,我的黑宝贝。"老兵说。

阿卜杜拉只能这样想,这猫的魔法和妖怪的魔法不是一个路数,所以他们彼此感应不到对方。让他觉得不错的是,还剩下很多三文鱼和牛奶,足够两个大男人吃的。当这猫优雅地大块朵颐时,它的小猫又是舔,又是打喷嚏,尽力而又很外行地喝着有三文鱼味的牛奶。老兵和阿卜杜拉也很享受用牛奶和烤三文鱼做的粥。

早餐后,阿卜杜拉觉得心情好多了。他告诉自己,妖怪选了老兵给他做伴,那是再好不过的事了。妖怪没那么坏,而且他一定能很快见着夜之花。他正想着苏丹王和卡布尔·阿客拔也不是那么坏的家伙时,却发现老兵打算带着那猫和小猫一起去金斯伯里,他立马暴跳如雷。

"但是,最最仁慈的投弹手,最最体谅人的胸甲骑兵,"他抗议道,"那你如何实施你的挣钱计划呢?你不可能揣着帽子里的猫去打劫强盗!"

"我估计现在我不用再干那营生了。你答应给我一个公主的。"老兵平静地说,"没人能让午夜和毛小子饿死在这山里。这是残忍的!"

阿卜杜拉知道说不过他。他郁闷地把妖怪瓶系到腰带上，发誓再也不答应老兵任何事。老兵重新打好了背包，把火堆拨弄散了，轻轻地拿起装有小猫的帽子。他沿着小溪往山下走去，用口哨招呼午夜，就仿佛它是一条狗。

午夜却另有打算。当阿卜杜拉跟着老兵出发时，它挡在路中间，别有用心地看着他。阿卜杜拉不理会，想绕过它。但它突然又变大了，变成一只黑豹——或许比先前还要大，挡住去路，对着他咆哮。他停下来，确实很害怕。这畜生向他扑过来，他害怕得连声音都发不出来了，闭上眼等着喉咙被撕破。这就是命运和预言！

他的喉咙只是轻轻地被碰了一下。小小的脚落在他肩上，接着另两只脚落进了他怀里。阿卜杜拉睁开眼发现，午夜变回了猫的大小，依附在他前胸的衣服上。蓝绿色的眼睛盯着他说："带着我，不然你试试。"

"很好，令人敬畏的猫。"阿卜杜拉说，"但是当心别再勾坏我衣服上的绣花，这曾是我最好的衣服。并请记住，我很不情愿带着你。我不喜欢猫。"

午夜平静地自行爬到阿卜杜拉肩上。那天剩下的时间里，阿卜杜拉辛苦地一点点往山下滑行，而它扬扬得意地稳坐在阿卜杜拉的肩膀上。

第十二章

阿卜杜拉和老兵被通缉

到了晚上,阿卜杜拉几乎习惯了午夜。午夜和贾迈尔的狗不一样,它的气味很清新,而且显然是个出色的母亲。为数不多的那么几次,它从阿卜杜拉身上下来,都是去给小猫喂食。要不是它那令人生畏的嗜好——在被惹恼时会变成巨兽来吓唬他,阿卜杜拉觉得自己还是可以容忍它的。而那只小猫的确很可爱,他们停下来吃中饭时,它或是拿老兵的发梢嬉耍,或是摇摇晃晃地想要去追蝴蝶,其他时间就猫在老兵胸前的衣襟里,好奇地从衣服缝隙里往外看,看前方的树啊草啊的。一行人越过长满蕨类植物的瀑布,朝平原走去。

当晚他们停下来过夜,老兵却对他的新宠小题大做,这让阿卜杜拉很是反感。他们走到第一个山谷,决定停下来住店。老兵声称要给他的宠物最好的一切。

店主人和他老婆以及阿卜杜拉的看法一致。这夫妻俩是一对粗俗的人,那天早上似乎有人偷了他们一罐牛奶和一整条三文鱼,他们因此心绪不佳。他们默不作声地忙活着,先拿来一个篮子,里面铺了个软枕头;接着阴沉着脸拿来了奶油、鸡肝和鱼;然后很不情愿地煮了些草药来,据老兵的说法,这可以预防耳朵溃疡。他们极为光火地派人去寻找其他草药,用以治疗猫身上的虫害。但等老兵说小猫身上沾染了跳蚤,要用热水给它洗个澡时,他们完全不敢相信自己的耳朵了。

阿卜杜拉不得不从中调停。"哦,公民里的王子和公主,"他说,"对我这位好朋友的古怪行为,还请包涵。他说热水澡,当然是给他自己和我的。我们都风尘仆仆,很想要些干净的热水——当然该多付多少钱,我们都会付的。"

"什么?我?洗澡?"老兵说道。店主人和他老婆迟疑地转身离开,去拿大壶烧开水。

"是的。你洗澡。"阿卜杜拉说,"不然今天晚上,你就和你的猫做伴,我们就此分手。我赞泽堡的朋友贾迈尔的狗都比你好闻,哦,没洗澡的勇士,就说毛小子,不论它身上有没有跳蚤,也比你干净得多。"

"但如果你离开的话,我的公主,以及你那位苏丹王的女儿怎么办?"老兵问。

"我会想出办法来的。"阿卜杜拉说,"如果你同意洗个澡,或者你愿意的话,带着毛小子一起洗,那才是我说这话的用意。"

"洗澡会让你变弱的。"老兵迟疑地说,"但我想,洗澡时也可以带上午夜一起洗。"

"你高兴的话,请你把两只猫当成搓澡用的海绵吧。"阿卜杜拉说，然后自顾自离开去享受热水澡了。

在赞泽堡，因为天太热，人们经常洗澡。阿卜杜拉很怀念那段时光，在那里他至少每隔一天就去公共浴室洗澡。即便是贾迈尔也一周去一次公共浴室，有传言说，贾迈尔带着狗一起洗澡。

那个老兵，热水澡洗得很开心。阿卜杜拉觉得他喜欢猫的程度不亚于贾迈尔喜欢他的狗。他希望贾迈尔和他的狗已经脱离险境，如果逃脱了，那么他们这会儿不用在沙漠里受苦了。

老兵洗澡后，虽然棕色的皮肤颜色变浅了些，但身体并没变弱。而午夜似乎一看到水就逃开了，但据老兵说，毛小子玩得很开心。"它玩肥皂泡！"他宠溺地说。

"希望我们没在你身上白费劲。"阿卜杜拉对午夜说，刚吃完了奶酪和鸡肉的午夜，正坐在他的床上仔细地梳理着毛。午夜听到后转过头，睁大了眼睛，轻蔑地看了他一眼——当然没白费劲！——接着又认真地清洗起自己的耳朵来。

第二天早上，账单是惊人的。大部分的额外开支来自热水，但篮子、靠垫、草药，也占了好大一部分开销。阿卜杜拉付了账，心里打起了鼓，焦急地问去金斯伯里还有多远。

别人告诉他，如果走路去的话得花六天时间。

六天！阿卜杜拉几乎叫出来。照这个样子花钱，等他找到夜之花时，恐怕连喝粥的钱都没了。而且接下来的六天，他得眼睁睁地看着老兵这么小题大做地宠他的猫，就算找着一个巫师，也仅仅才开始找人。不，阿卜杜拉想。下个愿望得让妖怪送他们到金斯伯里去。那就是说，他再忍耐两天就可以了。

想到这,他心下一阵宽慰,沿着道路大步流星地走了起来。午夜安静地坐在他肩上,他的腰间跳动着那个魔瓶。天气很好,阳光灿烂,看过了沙漠的荒芜,一派绿色的乡村景象让他感到内心愉悦。

阿卜杜拉甚至欣赏起那些茅草顶房屋来。这些茅草顶房屋都带园子,惬意而不拘一格。很多园子门边种了一圈玫瑰和一些其他的花。叫它茅草顶,名副其实。虽然老兵跟他保证,这茅草盖的屋顶能防雨,但他很难相信是真的。

不久,阿卜杜拉就沉浸在另一个白日梦里。他和夜之花住在一个带茅草顶的小屋里,门边种满了玫瑰。他要为她制造这样一个花园,让方圆几里的人都为之羡慕。他开始构想花园。

倒霉的是,临近中午时,白日梦被越来越大的雨点给打断了。午夜讨厌雨,它在阿卜杜拉耳边大声地发出不满的叫唤声。

"把它放到你胸前的衣服里去。"老兵说。

"我不行,动物迷。"阿卜杜拉说,"它不喜欢我,就如同我不喜欢它一样。它肯定会在我胸口刨出几个坑来的。"

老兵把帽子递给阿卜杜拉,帽子被一块脏手帕盖严实了,里面装的是毛小子,然后他把午夜揣进了怀里。他们继续走了半里路。此时天下起了瓢泼大雨。

妖怪生气地从一旁冒出一股蓝烟:"水都进来淋到我了,你就不能做些什么吗?"

毛小子也扯着它那细嫩的嗓子发出同样的抗议。阿卜杜拉捋了一把眼前的头发,很是为难。

"我们得找个地方避下雨。"老兵说。

幸运的是在下一个转角有家小客栈。他们心怀感激地冲进了客栈的酒吧间，阿卜杜拉高兴地发现茅草盖的屋顶居然也能滴水不漏。

老兵又开始小题大做了，阿卜杜拉对此已经习惯了。老兵要求一个带火炉的雅间，那样可以很好地安置那两只猫，并且要了四人份的午餐，阿卜杜拉对此也习以为常了，暗想这次又不知要花多少钱，虽然他的确也想好好地暖暖身子。在等午饭的间隙，他手拿一杯啤酒，浑身滴着水站在炉火前——这家酒店的啤酒相当不好喝，就像是骆驼尿。午夜先是把小猫弄干了，接着给自己弄。老兵把两只脚伸到炉火前，两只靴子直冒水汽。与此同时，魔瓶立在炉子前微微地冒着水汽，这会儿连妖怪也没抱怨。

外面传来马匹嘶叫的声音。这很普通，如果条件允许，大多数英格里人都骑马出门。骑马的人在店里歇脚也不奇怪，他们一定也淋湿了。阿卜杜拉正想着，昨天不应该跟妖怪要牛奶和三文鱼而应该要马的，却听见骑马的人在雅间窗外大声地向店家喊话。

"两个人——一个怪奇吉亚士兵和一个衣着光鲜的黑小子——犯了打劫的事，我们正在抓捕他俩，你们见过吗？"

没等骑马的人喊完，老兵就已蹿到窗口，背贴着墙站立，这样他看得见窗口下面的走道，而别人看不见他，同时他竟然一只手上拿着背包，另一只手上是帽子。

"有四个人。"他说，"从制服上看是巡警。"

阿卜杜拉不知所措，只能懊丧地想，这些都是让老兵兴师动众给闹的，猫篮子、热水澡，足以让店家记住你。还有，要什么单独的雅间，他想道。此时他远远地听见店主人用讨好的声音回答，那两个家伙的确在这里，在那个小雅间里。

老兵将帽子递给阿卜杜拉："把毛小子放进去，带上午夜。等他们一进到店里，就准备好从窗户出去。"

毛小子这会儿正猫在一张橡木椅子下。阿卜杜拉钻到椅子底下，跪着向后撤时，那只小猫在他手心里蠕动着。远远地能听见笨重的脚步声进了酒吧间，有士兵正在打开窗闩。阿卜杜拉把毛小子放进老兵递过来的帽子里，转身去找午夜。他看见魔瓶在炉子边烤火，而午夜在房间另一头的高架子上。这情形真是叫人绝望。靴子声更近了，朝着雅间的门这边过来了。老兵在砸窗户，而窗户像是被卡住了。

阿卜杜拉抓起魔瓶。"过来，午夜！"他说着朝窗边跑去，和正在后退的老兵撞在了一起。

"闪开。"老兵说，"东西卡住了。必须用脚踢。"

阿卜杜拉晃到一边，雅间的门被猛地打开了，三个穿制服的大个男人冲进房间。就在此刻，老兵的靴子"砰"的踢到了窗框。窗扇翻转着飞出了窗台。那三个人大叫，两个奔向窗口，一个朝阿卜杜拉扑来。阿卜杜拉将橡木椅子翻转挡在三人面前，冲向窗口，越过窗台，不假思索地一头扎进了滂沱大雨之中。

此时他记起了午夜，他转过身去。

它又变得硕大无比，从没见过它这么大。在窗台下面像个巨大的黑影耸立着，对着那三个人龇着白色的大獠牙。他们吓得连滚带爬,从门里退了出去。阿卜杜拉转身追老兵去了,心下很是感激。他冲向酒店的另一个角落。在门外牵着那些马的警卫,正要拔腿追他们,一想不对,又折回去找马。那些马见他冲过来,又都惊散了。阿卜杜拉尾随着老兵穿过一个湿答答的厨房菜园,听见那四个警卫正大呼小叫地想抓住他们的马。

老兵对逃跑很在行。他立刻找到了一条从菜园通向果园的路,果园外面就是一片旷野。远处,旷野的尽头是一片林子,在大雨中,这片林子倒像是个不错的藏身之处。

"你带上午夜了吗?"当他们一路小跑着穿过湿漉漉的草地时,老兵气喘吁吁地说。

"没。"阿卜杜拉说。他顾不上解释。

"什么?"老兵叫道。他停下来,一个转身。

就在此时,四匹马载着警卫们越过果园,冲进了旷野。老兵狠狠地咒骂着。他和阿卜杜拉全速冲向林子。当他们到达林子外沿的灌木丛时,追兵已经追到旷野中间了。阿卜杜拉和老兵跌跌撞撞地穿过灌木丛,跳向前面那片开阔的林地。让阿卜杜拉吃惊的是,地上密密匝匝地长满了成千上万朵颜色亮丽的蓝色花朵,像一块蓝色的地毯铺向远处。

"什么——这些花?"他喘息着说。

"野风信子。"老兵说,"如果你弄丢了午夜,我杀了你。"

"我没有,它会找到我们的。它变身了,我告诉过你,魔法。"阿卜杜拉喘着气说。

老兵从没见过午夜的这个把戏,他不信阿卜杜拉。"跑得再快些。"他说,"我们得折回去接它。"

他们踩着风信子,忍受着它们发出的那股怪味向前冲去。要不是灰蒙蒙的天空里下着瓢泼大雨和身后警卫的追杀声,他本可以认为自己是跑在天堂的路上。他很快回到了他的白日梦。等他构筑与夜之花的爱巢时,他可以种上成千上万像这样的风信子。做梦归做梦,他心里明白,被他们踩倒的白色茎秆和蓝色花朵也让他们留下了逃跑的踪迹。耳边传来马蹄踩踏树枝的声音,意味着警卫赶着马追进了林子。

"这样是死路一条。"老兵说,"让你那妖怪帮我们摆脱警卫。"

"我得指出——尊贵的士兵——这两天没愿可许了。"阿卜杜拉上气不接下气地说。

"他能让你再预支一个愿望。"老兵说。

蓝烟气哼哼地从阿卜杜拉手里的瓶子里飘出来。"我帮你实现上一个愿望的前提是你不再烦我。"妖怪说,"我所要的不过是待在瓶子里独自悲伤,而你们让我清静了吗?一遇到麻烦,你们就哀号着想再要一个愿望。这里有谁为我考虑了吗?"

"情况紧急——蓝宝石——瓶中精灵里的风信子。"阿卜杜拉奉承着,"把我们送到——远离——"

"哦,不可以。"老兵说,"午夜不在,你不能许远离此地的愿。让他帮我们隐身,直到午夜找到我们为止。"

"妖怪里的蓝宝石——"阿卜杜拉喘息着说。

"如果有什么,"妖怪打断道,优雅地在前面变作一朵淡紫色的云,"比这雨,比一直烦我预支愿望更令人讨厌的事,就是用花言巧语来哄我。要什么愿望,就直截了当地说。"

"带我们去金斯伯里。"阿卜杜拉脱口道。

"让这些花将我们藏起来。"老兵同时说道。

他们一边跑,一边瞪着对方。

"想清楚了。"妖怪说。他抱起双臂,轻蔑地飘在他们后面,"无论你们选择什么来浪费一个愿望,对我都一样。我只提醒你们,两天之内,没有愿望可以许了。"

"我不会扔下午夜的。"老兵说。

"如果我们——浪费一个愿望,"阿卜杜拉喘着气说,"那么——应该是有用的——愚蠢的想发大财的人——我们的愿望——金斯伯里。"

"那你就一个人去吧。"老兵说。

"追兵离我们就五十英尺远了。"妖怪说。

他们扭头看到,发现一点儿没错。阿卜杜拉赶紧让步。"那就让我们不被他们发现。"他喘着气说。

"让我们藏到午夜找到我们为止。"老兵补充道,"我知道它会的。它是那么聪明。"

阿卜杜拉瞥见妖怪的烟雾手臂在做着什么手势,脸上弥漫着坏笑。

接踵而来的是怪怪的黏和湿。阿卜杜拉周围的世界突然变了形,变得巨大无比,眼前是一片蓝色和绿色,接着变得模糊不清了。他辛苦而缓慢地爬动着,万分小心地放下每只长着瘤子的大手,因为某种原因,他不能往下看——只能朝上和朝前看。真费力,他想不如就蹲在原地不动了,但地面摇晃得可怕。他能感觉到有些庞然大物向他飞奔而来,所以他发了疯似的爬着。但即便是如此,也差点避之不及。

一个巨大的马蹄,大得像座金属底座的圆塔,就在他爬行时从他身边碾过。阿卜杜拉大惊失色,吓得一动也不敢动。他能分辨出那些庞然大物也停住了,就在他身旁。那声响又大又烦人,不是很听得清。就这么持续了一会儿。大蹄子又开始碾压了,并且还持续了一会儿,这边踩踩,那边踏踏,近在咫尺。过了好一会儿,他们放弃搜寻,声势浩大地离开了。

第十三章

阿卜杜拉挑战命运

阿卜杜拉又蹲了一会儿,见那些庞然大物没有回来,就又稀里糊涂、徒劳地开始爬行了,他想弄明白自己到底怎么了。他知道有事情发生了,但脑细胞似乎不怎么够用。

爬着爬着,雨停了,他对此很是沮丧,因为雨水打在皮肤上很提神。另外,有只苍蝇在一道阳光下盘旋,然后停在了身旁风信子的叶片上。阿卜杜拉马上伸出长舌头,击中那只苍蝇并一口吞进肚里。味道好极了!他想。接着他就想起苍蝇很脏!他更加困惑了,围着另一丛风信子爬行起来。

还有一个和自己长得一样的。

外表棕色,蹲着,浑身是疣,头上长着两只黄色的眼睛。一看到阿卜杜拉,它惊恐地张大了没有嘴唇的嘴,并将嘴鼓了起来。阿卜杜拉没有再看下去,转过身,拖着他那些扭曲的腿尽快爬开了。现在他知道自己是什么了。是个蛤蟆。这妖怪用心险恶,让他在被午夜找到之前,一直做蛤蟆。他很确定,午夜找到他时，一准会吃了他。

他爬到最近的风信子旁，在它那张开的叶子底下藏了起来。

一个小时后，风信子的叶子被分开了，进来了一只怪物的黑爪子。它看上去对阿卜杜拉很感兴趣。它收起爪子，轻轻拍向他。阿卜杜拉非常害怕，试图向后跳开。

于是，他发现自己仰面躺在风信子中间了。

他先朝头顶上的树木眨了眨眼，想要去适应脑子里突然又有了思维意识的状况。但有些念头让人非常不愉快，比如那两个变成蛤蟆的土匪在绿洲的池塘边爬行，比如他吞下过一只苍蝇，还有甚至差点被一匹马给踩了。他环顾四周，发现老兵就蹲在不远处，如阿卜杜拉一样困惑。他的背包就在身旁，除此之外，毛小子正使出吃奶的力气爬出老兵的帽子。魔瓶扬扬得意地立在帽子旁边。

那妖怪在瓶子外面露出一小股烟，就如一盏酒精灯的火苗，那两只烟雾手臂搭在瓶口。"玩得开心吗？"他用戏谑的语气问道，"我可难倒你了，不是吗？叫你缠着我要额外的愿望！"

见他俩突然变身，午夜极其惊慌。它微微弓起身子，朝他俩吐口水。

老兵将手伸向它，嘴里发出抚慰的声音。"你要是再那样吓午夜，"他告诉妖怪，"我打碎你的瓶子！"

"你之前就说过这话了。"妖怪回答道，"你办不到的，做了只会更倒霉。这瓶子是施了魔法的。"

"那么我敢保证，他的下一个愿望是将你变成蛤蟆。"老兵说，同时朝阿卜杜拉晃了晃大拇指。

妖怪谨慎地看了阿卜杜拉一眼。阿卜杜拉什么也没说，但他觉得没准这是个让妖怪听话的好主意。他叹了口气，不管怎样，他似乎不能再浪费愿望了。

他们起身，拿上行李，继续赶路。但他们走得更小心了，专拣那些小街小巷走。那天晚上，他们没去住店，在一个空仓库里过夜。到了这里，午夜突然变得很警觉，并且显得兴致勃勃，很快它就悄悄溜走了，消失在仓库的阴影里。过了一会儿，它一溜小跑带回一只死老鼠，小心地把它放进老兵的帽子，给毛小子吃。毛小子不太确定该做什么，最后它认定这是一种让你狠狠地跳上去并杀掉它的玩具。午夜又悄无声息地走开了。大半个晚上，阿卜杜拉都听到它捕捉猎物时所发出的声音。

尽管如此，老兵还是担心着猫们的吃饭问题。第二天早上，他想让阿卜杜拉去最近的农场买牛奶。

"你想要牛奶，就自己去。"阿卜杜拉一口回绝。

但不知怎的，他发现自己走在了通向农场的路上，腰带的一边挂着从老兵背包里拿的一个罐头，另一边晃荡着那个魔瓶。

确切地说，接下来的两个早上，情况都是如此。稍有不同的是，他们睡在干草堆下。第一天早上，阿卜杜拉买了一大块新鲜面包。第二天早上，他买了些鸡蛋。第三天早上，在走回干草堆的路上，他想要弄明白，为什么自己越来越有种受骗上当和想发脾气的感觉。

这不仅仅是因为他浑身僵硬而疲惫不堪，身上又湿答答的缘故，也不仅仅是因为他花费这么多时间来为老兵的猫跑腿办事，虽然这些和他心情糟糕不无关系。一部分原因得归咎于午夜。阿卜杜拉明白自己应该感谢午夜帮他们吓走了警卫，对此他很感谢，但他和午夜仍旧相处不好。它每天高高在上地骑在他肩膀上，试图表明，在它看来，阿卜杜拉只不过是个坐骑而已，这对一个动物来说有些不可思议。

那一整天，阿卜杜拉走在乡间的小路上时，满脑子想的都是这些事，当时老兵正兴高采烈地在他前面走，而午夜则姿态优雅地缠绕在他脖子上。他不是不喜欢猫，现在他对它们已经习以为常了。有时他发现自己和老兵一样喜欢毛小子。不，他心情不好多半是因为老兵及那个从中作梗的妖怪，他们不断地推迟他寻找夜之花的计划。如果不留个心眼，他可以想见自己下半辈子都会在这些乡间小道上走，这辈子都到不了金斯伯里。就算是到了那里，他还得找寻一个巫师。不，这样不行。

那天晚上，他们在一个石塔的废墟里宿营。这比柴草堆强多了。他们可以生一堆火，然后把老兵背包里的食物热了吃，阿卜杜拉终于觉得身上又干又暖和，他的情绪好转了。

老兵也很高兴。他靠着石墙，毛小子睡在他身边的帽子里，出神地望着落日。"我一直在想，"他说，"你明天可以跟你那位蓝色烟雾朋友许个愿，不是吗？你知道最切合实际的愿望是什么吗？你得许愿把那张魔毯弄回来。那样我们就顺风顺水了。"

"我们直接许愿去金斯伯里不是更简单易行吗？聪明的步兵。"阿卜杜拉指出道，老实说，他有些不高兴。

"是的，但我现在是摸到了妖怪的套路，我知道，如果他可以的话，他准得把那个愿望给搅黄了。"老兵说，"我的意思是，你知道怎么用那个魔毯，你能让我们轻松地到达那里，妖怪的愿望可以用来应付紧急情况。"

这很在理。然而阿卜杜拉仅仅是咕哝了一声。这是因为老兵提建议的方式让阿卜杜拉突然有了一个全新的视角。老兵当然是摸清了妖怪的套路。老兵就是那样的人，对如何让别人帮他达到目的很在行。唯有午夜能让老兵做他不想做的事，而能让午夜做它不想做的只有毛小子。这使得这个小猫处于最高的社会等级。一只小猫！阿卜杜拉想。并且老兵已摸清妖怪的套路，而妖怪的地位又确定无疑在阿卜杜拉之上，那样，阿卜杜拉就处在最低的位置。怪不得，他有一种上当受骗的感觉。他觉得这跟父亲大老婆的亲戚们对待他的方式没什么两样，想到这，他更难受了。

所以阿卜杜拉仅仅是咕哝了一下，这在赞泽堡会被看作非常粗鲁，但老兵一点儿也不在意。他高兴地指着天空："美丽的落日又来了。看，那里又有一个城堡。"

老兵说得没错。那里有很多绚丽的黄色湖泊在天空中，还有海岛和海角，一片长长的靛蓝色海岬形云朵上面皱缩着一片正方形的云，看上去像个堡垒。"那不是同一个城堡。"阿卜杜拉说。他感觉是时候自己拿主意了。

"当然不是。你永远不可能两次看到同一片云。"老兵说。

第二天早晨，阿卜杜拉有意最早醒来。天才刚刚破晓，他就跃起身，拿着魔瓶来到离他们营地很远的地方。"妖怪，"他说，"现身。"

一缕烟如幽灵般极不情愿地出现在瓶口。"这算什么，"他说,"那些关于珠宝啊,花朵啊的美好说辞去哪里了?"

"你说过你不喜欢,我就不说了。"阿卜杜拉说,"我现在变得现实了。我要根据我的新想法许个愿。"

"哈,"这缕妖怪烟雾说,"你想要回魔毯。"

"根本不是。"阿卜杜拉说。这让妖怪大吃一惊,他跳出瓶子,瞪大眼睛看着阿卜杜拉,那双眼睛在晨光中清楚而炯炯有神,就像一双人眼睛。"我得说,"阿卜杜拉说,"命运显然决意要耽搁我寻找夜之花,不顾我命中注定要娶夜之花的事实。那么任何我想违背命运的企图,都会让你把我的愿望变得对谁都不利,或者,通常不是导致我让骑骆驼或骑马的人追杀,就是让老兵浪费我一个愿望。我厌烦了你的故意使坏和老兵的一意孤行。我决定要挑战一下命运。我打算从现在开始,有意地浪费每一个愿望。命运或许会不得不助我一臂之力,不然关于夜之花的预言将永远不会得到应验。"

"你在耍孩子脾气。"妖怪说,"要么是逗英雄,要么可能疯了。"

"不,是变得现实了。"阿卜杜拉说,"此外,我也想挑战一下你,浪费一些愿望,或许能让什么人受惠。"

妖怪对此明显一脸的嘲讽:"那么今天你的愿望是什么?为孤儿找寻家庭?让盲人重见光明?还是干脆把这世上富人的钱全部拿去分给穷人?"

"我在想。"阿卜杜拉说,"我可以许愿让那两个被你变成蛤蟆的匪徒变回原形。"

幸灾乐祸的神情又荡漾在妖怪脸上。"你可能把事情搞得更糟。我很乐意为你实现这个愿望。"

"这个愿望有什么问题？"阿卜杜拉问道。

"哦，没什么。"妖怪说，"只是苏丹王的士兵此刻正驻扎在那片绿洲上，因为苏丹王确信你还在沙漠的某个什么地方。那一带到处都是要抓你的人。但我确信，仅仅是为了向苏丹王卖好，他们也会花上点时间去抓捕那两名匪徒的。"

阿卜杜拉考虑了一下："在沙漠里，还有谁可能因苏丹王的搜捕而身处险境？"

妖怪斜眼看他："你迫不及待地要浪费一个愿望，是吧？除了几个地毯织工和一个算命的，没什么人在那里——当然，还有贾迈尔和他的狗。"

"哈。"阿卜杜拉说，"那么我就把这个愿望浪费在贾迈尔和他的狗身上。我想要贾迈尔和他的狗立刻双双被转移到一个生活安逸和富裕的地方——让我想想——对，送他去离赞泽堡最近的宫殿，成为那儿的皇家厨师和看门狗。"

"你把它弄得，"妖怪感伤地说道，"很难搅黄呢。"

"这正是我想要的。"阿卜杜拉说，"如果我能找出法子让你不搅黄任何一个愿望，那会是天大的幸事。"

"有一个愿望，可如你所愿。"妖怪说。

妖怪声音里流露出期盼，由此阿卜杜拉明白了他的意思。妖怪想破除困他于瓶中的魔法。阿卜杜拉沉思道，只要他指望妖怪因此心生感激而助他找到夜之花，如此浪费一个愿望倒是简单。但对这个妖怪来说，这种可能性不大。并且如果他放了妖怪，那他决意挑战命运的打算就得放弃了。"我稍后再考虑那个愿望。"

他说,"我今天的愿望就给贾迈尔和他的狗。他们安全了吗?"

"是的。"妖怪闷闷不乐地说。他钻回瓶里时,那张烟雾脸上所显露的神情,让阿卜杜拉有种不安的感觉,他好像又把这个愿望给搅黄了,当然现在也不得而知了。

阿卜杜拉转身发现老兵在看着他。他不知道老兵偷听到多少内容,但已经准备好与之争论了。

但老兵只是说:"不要按那个思路去想事情。"之后便建议走路去找农场,在那里买点早餐。

阿卜杜拉扛起午夜,一行人离开了。那一整天,他们又都在走街串巷。虽然避开了警卫,但看上去离金斯伯里仍旧很远。事实上,老兵问一个挖沟的人去金斯伯里的路有多远时,那人告诉他走路还要四天。

命啊。阿卜杜拉想。

第二天早上,他走到他们睡觉的草垛子的另一边,许愿让绿洲里的那两只蛤蟆变回人形。

妖怪非常恼怒:"你亲耳听见我说的,谁先打开我的瓶子,谁就会变成蛤蟆!你想我自食其言?"

"是的。"阿卜杜拉说。

"你不管苏丹王的人仍旧在那里,并肯定会送他们上绞架?"

"我认为,"阿卜杜拉想起自己变蛤蟆的经历,说,"即便这样,他们也宁可做人。"

"哦,那么,很好!"妖怪悲伤地说,"你明知这样会让我的报复毁于一旦,不是吗?但那对你来说有什么?我对你来说,只不过是每天一许的瓶中之愿而已!"

第十四章

魔毯重现

又一次,阿卜杜拉转身发现老兵在注视他。但这次,老兵什么也没说。阿卜杜拉相当肯定,他只不过是在等候时机。

那天他们继续赶路,地势开始往上走。茂密的林荫道开始变成沙路,沿路是干巴巴带刺的灌木。老兵开心地说,他们终于来到了另一个地方。阿卜杜拉仅仅是咕哝了一下。他打定主意不给老兵开口的机会。

夜幕降临,他们来到一个高高的旷野上面,向下望去是一片全新的平原景致。地平线处有个模糊的小点,老兵说,一定是金斯伯里了,他依然兴高采烈。

他们安顿下来宿营,老兵让阿卜杜拉看毛小子有多可爱,它正在戏耍背包上的皮带扣,老兵的兴致比之前还高。

"毫无疑问。"阿卜杜拉说,"它还不如地平线上那坨黑疙瘩能让我开心,那有可能是金斯伯里。"

又是一个巨大而绯红的落日。他们吃晚饭时,老兵指着一个红色城堡状的大云朵让阿卜杜拉看。"那不漂亮吗?"他说。

"它只是一片云。"阿卜杜拉说,"它不具有艺术的美感。"

"朋友,"老兵说,"我觉得你让妖怪给影响了。"

"怎么说?"阿卜杜拉说。

老兵用勺子指着远处依着落日的黑色小山丘。"那里,看见了吗?"他说,"金斯伯里。现在我有个预感,我想你也有。我们到了那里,事情就会出现转机,但我们似乎还没有到那里。别以为我不知道你在想什么——你是个年轻人,恋爱受挫,焦躁——自然认为是命运在和你对着干。从我这个角度看,大多数时候,命运根本不偏不倚。就跟妖怪一样,谁也不向。"

"你是怎么想出来的?"阿卜杜拉问。

"因为他憎恨所有人,"老兵说,"也许那是他的本性——我猜想即使被关在瓶子里也本性难改。不管他是怎么想的,毕竟他一直在满足你的愿望。为什么仅仅为了鄙视妖怪而为难自己呢?为什么不许一个最有用的愿望,从中得到你想要的,并忍受随之而来的麻烦,管他是什么麻烦呢?我一直在想,在我看来,不管妖怪会带给你什么麻烦,对你来说最好的愿望就是要回那张魔毯。"

让阿卜杜拉吃惊的是老兵说话时,午夜爬上了阿卜杜拉的膝盖,一边用身体蹭他的脸,一边从喉咙口发出低低的声音。阿卜杜拉不得不承认他受宠若惊。他让午夜,还有妖怪和老兵给说动了——更不用说命运。"如果我许愿要回魔毯,"他说,"我敢打赌,妖怪会让随之而来的灾祸远远大过它的用处。"

"你打赌,是吗?"老兵说,"我从不拒绝打赌。跟你赌一个金币，魔毯会利大于弊。"

"一言为定。"阿卜杜拉说，"现在你又得逞了。我的朋友，对你没被提升到军队指挥官的位置，我感到很奇怪。"

"我也纳闷。"老兵说，"我本该是个很好的将军。"

第二天早上，他们在一片大雾中醒来。到处是一片白色，空气潮湿，除了最近的灌木丛，什么也看不见。午夜盘在阿卜杜拉身上，瑟瑟发抖。那个魔瓶，阿卜杜拉把它拿下来放在面前，他明显一脸的不快。

"出来，"阿卜杜拉说，"我要许个愿。"

"我在里面也能帮你实现愿望。"妖怪漠然说道，"我不喜欢潮湿。"

"很好。"阿卜杜拉说，"我想要回我的魔毯。"

"办成了。"妖怪说，"打什么愚蠢的赌，这就是教训。"

阿卜杜拉抬头四顾，但似乎什么也没有发生。然后午夜突然跳起。毛小子的脸从老兵的背包里钻了出来，两只耳朵一溜向南竖起。阿卜杜拉向那边望去，觉得自己就只能听见轻微的飒飒声，可能是一阵风什么的掠过大雾。很快，大雾旋转起来——越来越厉害。灰色的长方形的地毯出现在头顶，降落到阿卜杜拉身旁。

上面有个人。一个嘴上留着一大片胡子的恶人蜷在地毯上，静静地睡着。他的鹰钩鼻子顶着地毯，但阿卜杜拉能看见上面的金环，半个金环被胡子和一块肮脏的包头布给遮住了。那人手上抓着一把镶银手枪。毫无疑问，这是卡布尔·阿客拔。

"我想这个赌我赢了。"阿卜杜拉喃喃道。

就是那么小声的一句——或者大雾的寒气——让这个匪徒一个激灵，不耐烦地咕哝了一声。老兵把手指放在嘴唇上，摇摇头。阿卜杜拉点头。如果就他一个人，此刻他会束手无策，但和老兵在一起，他感觉和卡布尔·阿客拔势均力敌了。尽量轻声地，他发出一个轻轻的打鼾声，并悄声对魔毯说："从这个男人底下出来，盘旋到我面前来。"

地毯的边缘开始起皱，阿卜杜拉看见它准备照做。它狠狠地扭动了一下，但卡布尔·阿客拔的体重显然让它无法抽身。所以，它又动了一下，升到了空中一英寸的地方，还没等阿卜杜拉反应过来，它已经从熟睡的匪徒身子底下冲了出来。

"不！"阿卜杜拉说，但为时已晚。卡布尔·阿客拔摔到地上，并醒了过来。他站起身，晃动着手枪，用一种奇怪的语言咆哮着。

老兵敏捷而轻松地捡起悬空的魔毯，用它包住了卡布尔·阿客拔的头。"下了他的枪。"他说，用两只强有力的臂膀捉住了挣扎的匪徒。

阿卜杜拉跪下一条腿，抓住了那只挥舞着手枪并且力道很大的手。这只手非常有力。阿卜杜拉没法拿走枪。他只有握住不放，而那只手试图甩开他，让他撞了好几个来回。卡布尔·阿客拔看上去非常强壮。阿卜杜拉吃了亏，试图抓住匪徒的一个手指，把它从手枪上掰开。对此，卡布尔·阿客拔咆哮着，向上升起，把阿卜杜拉和魔毯一起向后甩出去，现在魔毯裹住的不是卡布尔·阿客拔，而是阿卜杜拉。老兵抓住不放。尽管卡布尔·阿客拔继续升空，咆哮声大得如同天塌下来一样，老兵还是不放手。老兵从抓住他的手,到抱住腰,然后抓住大腿。卡布尔·阿客拔大声喊着,好像他的声音就是打雷声,并继续升高变大,他的两条腿大得抱不住了,老兵滑了下来,但牢牢地抓住了其中一条腿,就在那宽大的膝盖下方。那条腿想要挣脱老兵,但没成功。于是卡布尔·阿客拔张开硕大的羽毛翅膀,想要飞走。但老兵虽然身体在下滑,仍旧没有松手。

阿卜杜拉从魔毯底下挣脱出来时,看见了这一切,他也瞥见午夜正站着护住毛小子,身形比它吓走巡警那会儿还要大。但比起站在那里的神灵,仍旧不够大。那是神灵中的巨灵,他一半的身子消失在大雾中,翅膀扇起了一阵旋转的烟雾。老兵将他一只带着尖甲的巨型脚牢牢地固定在了地面,使他无法飞起。

"说说为什么,神灵中的巨灵!"阿卜杜拉对天喊道,"对着七大戒条,我恳求你停止挣扎从实招来!"

神灵停止了咆哮,并且不再狂舞他的翅膀。"你恳求我,是吗,凡夫俗子?"从上面传来阴沉的巨响。

"是的,没错。"阿卜杜拉说,"你变作最卑鄙的流浪人利用我的地毯做了什么?你已经愚弄了我两次。"

"很好。"神灵说,开始笨拙地跪下来。

"你可以放手了。"阿卜杜拉对老兵说。老兵不知道神灵的戒条,仍旧抓着那只巨脚。"他现在不得不留下来回答我的问题了。"阿卜杜拉说。

老兵谨慎地放了手,并擦去脸上的汗水。见神灵收拢翅膀并跪了下来,他似乎仍然将信将疑。这不奇怪,因为神灵即使跪下来也有一座房子那么高,迷雾中显现出来的脸是可怕的。

阿卜杜拉又瞟了一眼午夜，它恢复了正常大小，嘴上叼着毛小子朝灌木丛跑去。但神灵的脸占据了他大部分的注意力。之前——尽管短暂——就在夜之花被从花园带走时，他见过那种冷冷的眼神，以及鹰钩鼻上的金环。

"纠正一下，"阿卜杜拉说，"你愚弄了我三次。"

"哦，比那还多。"神灵用温和而低沉的声音说，"我已经失算了那么多次。"

听此，阿卜杜拉生气地抱起了双臂："说吧。"

"好吧。"神灵说，"我其实希望这个问题由其他什么人来问我，我曾设想这些问题该出自法克檀公爵，或者撒亚克那三个互为对手的王子，而不是你。但这些人，没一个有足够的决心——这让我多少有些意外。很显然，因为你们俩我谁也不曾指望。众所周知，我是善灵里的大掌门之一，我叫哈斯鲁尔。"

"我不知道居然有善灵。"老兵说。

"有的，无知的北方人。"阿卜杜拉告诉他，"我听说他的名字排名和天使一样高。"

神灵皱起了眉头，一脸不快。"可怜的商人，"他低沉地说，"我比某些天使还要高。众所周知，两百个底层天使听命于我。他们为我看守城堡。"

阿卜杜拉还是双臂交叉，并用脚敲着地面。"确实如此。"他说，"说说你为什么对我使了下流手段而不以为耻。"

"不该怪我，凡人。"神灵说，"我为情势所迫。请理解和原谅。众所周知，大约二十年前，我母亲大神灵达紫拉一不留神，让一个恶灵给诱奸了。她生下了我兄弟达泽尔——由于善灵和恶灵的血没混好——他身形矮小,苍白又虚弱。我母亲不能忍受达泽尔,就把他交给我抚养,我精心呵护他到成年。当他显露天生的邪恶本性时,你能想象我有多么伤心和害怕。他成年后,干的第一件事就是偷走并藏匿我的命根,借此把我变作他的奴仆。"

"再说一遍?"老兵说,"你是说,你死了?"

"不是的。"哈斯鲁尔说,"我们神灵和凡人不一样,无知的人。只有我们身上的某一小部分被毁掉,我们才算死了。因为这个原因,所有神灵都像我一样谨慎地把那一小部分命根瞒过众人藏起来。但是在我指导达泽尔怎么隐藏自己命根时,出于爱,我轻率地告诉了他我藏匿命根之地。于是他立刻掌控了我的生命,逼迫我要么听命于他,要么死。"

"现在说到点上了。"阿卜杜拉说,"他命令你去偷夜之花。"

"不全是。"哈斯鲁尔说,"我兄弟从我母亲大神灵达紫拉那里继承了非凡的头脑。他命我去偷这世上所有的公主。稍微想一想就明白其中的道理了。我兄弟到了成婚的年龄,但他出身不好,没有哪个女神灵会青睐于他。他不得已去找凡间女子。但他是神灵,当然只有血统最高贵的凡间女子才能配得上他。"

"我对你兄弟深表同情。"阿卜杜拉说,"但他非要得到全部的公主才满足吗?"

"他为什么不?"哈斯鲁尔说,"他现在操控了我。他对此事深思熟虑。他清楚地知道他的公主们没法像神灵一样在空中行走,他先命我去偷英格里一位巫师的移动城堡来安置他的新娘们,然后命我开始偷公主。这就是我目前在干的事。但自然,我也有自己的盘算。每偷一位公主,我至少安排下一位受伤的情人或失意的王子,他或许会想法子前去营救她。如果要营救,这位情人就非得挑战我兄弟,逼他说出藏匿我命根的秘密。"

"我就这样被卷进来了,伟大的阴谋家?"阿卜杜拉冷冷地问道,"我是你夺回命根的计划之一,是吧?"

"勉强算是吧。"神灵说,"我更多寄希望于阿尔伯利亚的继承人,或者培齐斯坦的王子,但这两个年轻人纵情于打猎。的确,所有这些人都严重缺乏意志,包括上诺兰的国王,在缺少女儿做帮手的情况下,他仅仅是想办法靠自己来编书目。但即便是他,都比你有更大的可能性。可以说,你是我的编外人员,毕竟你出生时的那个预言,意思相当含糊。我承认,卖给你魔毯几乎就是为了好玩——"

"你就是耍我!"阿卜杜拉叫道。

"是的。从你铺子里传来的白日梦如此真切和频繁,我被你给逗乐了。"哈斯鲁尔说。

尽管雾气很冷,阿卜杜拉发现自己的脸开始发烧。

"然后,"哈斯鲁尔继续说道,"你出人意料地从赞泽堡的苏丹王那里逃脱后,我扮作你白日梦里的匪徒卡布尔·阿客拔,让你体验自己的白日梦的一些经历,让我觉得很好玩。我通常会给每位求婚者制造些险情。"

顾不得尴尬,阿卜杜拉本该破口大骂,但神灵那双巨大的金棕色眼睛此刻正斜视着老兵。"到现在为止,你调动了几位伤心失望的王子,狡猾而又爱开玩笑的神灵?"他问。

"接近三十位了。"哈斯鲁尔说,"就如同我说的,大多数根本没被调动起来。这让我觉得奇怪,因为他们的出身和资历远在你之上。但我安慰自己,还有一百三十二位公主要偷。"

"我想也许你得认可我。"阿卜杜拉说,"我虽出身贫贱,但似乎是命运让我这么做的。我可以向你证明这一点,因为最近我已为此事向命运发起挑战。"

神灵微微一笑——就如他皱眉一样令人有些不舒服——并点头。"这个我知道。"他说,"这是我屈身显现在你面前的原因。昨天我的两个天使手下回到我身边,他们被当作凡人送上了绞架。他俩一点儿也不高兴,都说是你干的好事。"

阿卜杜拉弯下腰。"毫无疑问,他们细想一下,就会明白这比做蛤蟆更好。"他说,"现在告诉我最后一件事,哦,处心积虑要偷公主的贼。说吧,在哪里可以找到夜之花,别提你那兄弟达泽尔。"

神灵笑得更欢了——这让他显得更加令人讨厌,因为很多极长的獠牙露了出来。他用尖尖的大拇指朝上指着。"还用问,地面冒险家?她们自然是在近些日子你在夕阳下所见的那个城堡里。"他说,"我说过,它曾经属于这个国家的一位巫师。你会发现去那儿不容易,如果你去了,你得记清楚了,我是我兄弟的奴仆,必须跟你作对。"

"明白。"阿卜杜拉说。

神灵将他带尖甲的巨手摁在地上,费力地开始起身。"我必须得说，"他说道，"那张魔毯已受命不得跟踪我。我可以走了吗？"

"不，等等！"老兵叫道。就在此刻，阿卜杜拉也记起了一件事，问道："那个妖怪呢？"但老兵的声音更大，盖过了阿卜杜拉的声音。"等下，你这个怪兽！那城堡悬在这一带上空有什么特殊原因吗，怪兽？"

哈斯鲁尔又笑了，停下来，单膝跪地着说："你感觉很灵敏，老兵。的确如此，城堡在此，是因为我准备偷英格里国王的女儿，维尔利亚。"

"我的公主！"老兵说。

哈斯鲁尔大笑起来。他仰起头，咆哮着进入了雾气中，说："是吗？老兵。哦，我对此表示怀疑！这公主只有四岁大。她对你没什么用，但我相信你会对我大有用处的。我把你和你赞泽堡的朋友视作我棋盘上的一步棋。"

"你什么意思？"老兵愤愤地说。

"因为你俩会帮我去偷她。"神灵说。说完他旋转翅膀，大笑着，纵身向上跃入迷雾之中。

第十五章

来到金斯伯里

"如果你问我,"老兵说,生气地把背包往魔毯上一扔,"他如果真有个兄弟的话,那么这东西和他兄弟一样坏。"

"哦,他的确有个兄弟。神灵不撒谎。"阿卜杜拉说,"但神灵喜欢把自己看得比凡人高,即便是那些善灵。哈斯鲁尔的名字确实在善灵的名单上。"

"你骗我!"老兵说,"午夜去哪里了?它一定是吓坏了。"他在灌木丛里寻找午夜,并搞出很大动静。阿卜杜拉不想再解释有关神灵的知识了,这些知识赞泽堡的每个孩子都在学校学过。此外,他担心老兵说的没错。哈斯鲁尔也许是对着七戒起过誓了,因此得以位列仙班,但是他兄弟给了他绝好的借口来违反戒条。是善是恶还真难说,眼下哈斯鲁尔显然做恶灵做得不亦乐乎。

阿卜杜拉捡起魔瓶,把它放在魔毯上。它很快侧过身滚到一边。"不,不!"妖怪在里面叫道,"我不坐那毯子去!你认为我之前为什么从毯子上掉下来？因为我讨厌高度！"

"哦，你不想去！"老兵说。他一手抱着午夜，午夜尽其所能地又踢又咬，还带挠抓，想要表明它不愿上魔毯，这足够让人恼怒的。但阿卜杜拉推测，老兵心情不爽大部分源自维尔利亚公主只有四岁这个事实。老兵一直把维尔利亚公主当成自己的未婚妻，现在，他自然感觉自己是个傻子。

阿卜杜拉抓住魔瓶，把它牢牢地放在魔毯上面。他故意没有提他们所打的赌，即使很明显是他大获全胜。他们的确是要回了魔毯，但它不能跟踪神灵，所以对营救夜之花一点儿用也没有。

经过一番斗争，老兵勉强算是将自己和帽子、午夜以及毛小子都在魔毯上安顿好了。"下口令吧。"他说。他棕色的脸膛因生气而发红。

阿卜杜拉发出鼾声。魔毯轻轻地从地面升起，午夜大叫并挣扎，而那个魔瓶也在他手里挣扎晃动。"哦，优雅迷人的魔毯，"阿卜杜拉说，"哦，拥有最复杂口令的魔毯，我请求你迅速飞向金斯伯里，与此同时请运用你纤维里所蕴含的伟大智慧，保证我们这一路上不被人看见。"

魔毯顺服地在大雾中升空，向上向南飞去。老兵把午夜夹在手臂里。一个嘶哑而颤抖的声音从瓶中传出："你非得这么恶心地恭维吗？"

"这条魔毯，"阿卜杜拉说，"不像你，它纯洁而又出众，极有魅力，它只听世上最美好的话语。本质上它是地毯中的诗人。"

一阵骄矜之情传遍整张地毯，它傲然挺直了破损的边缘，温顺地朝着大雾上方的金色阳光驶去。一小股蓝烟从瓶子里出来，伴随着一声恐慌的尖叫，又消失了。"嗯，我可不会那样做。"妖怪说。

起初，让魔毯不被人看见是容易的。它只要飞在大雾之上即可，毕竟下面的大雾又浓又厚像牛奶一般。但是太阳升起后，金色和绿色的田野开始闪现出来，接着是白色的公路，间或还有房屋出现。毛小子是真的给迷住了。它站在地毯边缘注视着下边，看上去很有可能让自己倒栽下去，因此老兵死死地用手抓住它那条毛茸茸的小尾巴。

这还算好。但接下来魔毯倾斜着转了个弯，飞向沿河的一排树。午夜死死摁住爪子，而阿卜杜拉只顾得上抢救老兵的背包。

老兵看上去有些头晕。"我们非得这么小心从而不被人看见吗？"他问道，因为他们正滑行在一排树旁，就像流浪汉潜行在树篱旁边。

"我想是的。"阿卜杜拉说，"以我的经验，这是张地毯中的神鹰，看见的人都想将它据为己有。"他告诉老兵关于骑骆驼之人的故事。

老兵同意阿卜杜拉的说法。"只是那样我们速度就慢了。"他说，"我感觉，我们得到金斯伯里去给那里的国王通风报信，让他知道有神灵要对他女儿不利。国王们对这样的信息通常是会给重赏的。"显然，老兵不得不放弃娶维尔利亚公主的念头，他在想其他发财的法子。

"我们会那样做的,别担心。"阿卜杜拉说,仍旧没提打赌的事。

花了大半天的时间,他们终于到达金斯伯里。魔毯沿着河从树林向森林移动,只有底下是一片空地时它才加快速度。傍晚时分,他们抵达市区。高高的城墙内全是塔楼,这里至少有三个赞泽堡那么大。阿卜杜拉指挥魔毯在皇宫附近找了家好旅店,并在某个妥当的地方降落,不让人怀疑他们是怎么来的。

魔毯听从命令,在大城墙上像蛇一样滑行。接着贴着一个个不同形状的屋顶滑行,就如一条比目鱼顺着海底游走。阿卜杜拉和老兵还有两只猫往下看并好奇地四顾张望。街道,无论宽窄,都充斥着衣着华丽的人群和造价昂贵的马车。每座房屋对阿卜杜拉来说都是宫殿。他看见各式各样的塔楼、圆顶、丰富的雕刻、金黄的冲天塔和大理石庭院,就连赞泽堡的苏丹王也会乐意将它们据为己有。即便是最贫穷的房子——如果你能把这种程度的富裕称作是贫穷的话——也用油漆漆上了装饰性的花纹,非常精致。至于商店,里边所售的商品数量之多、价值之高,让阿卜杜拉认识到赞泽堡的大集市真是破旧而不上档次。难怪苏丹王如此急切地要和英格里王子结盟呢!

魔毯给他们找的旅店位于金斯伯里市中心,靠近那些大理石建筑,那些建筑被一位大师饰以水果浮雕,配上金色叶子,并涂上了最绚丽的颜色。魔毯轻轻地降落在旅店马厩屋顶的斜坡上,并巧妙地隐藏在一个带镀金风向标的尖顶旁。他们坐在屋顶上面望着周围这一派富丽堂皇的景致,等着下面院子里的人走空。院子里有两个仆人在那里清理一辆镀金马车,他们一边工作,一边说着闲话。

他们聊得最多的是这个旅店的老板,老板显然是个爱钱如命的人。但他们抱怨完工资是如何微薄后,其中一个说:"有那个怪奇吉亚老兵的消息吗?他在北边抢劫了很多人,有人告诉我他朝这边来了。"

另一个回答道:"他肯定是奔金斯伯里来的,他们都这么说。但城门已经戒严了,他走不了多远。"

老兵和阿卜杜拉对视了一眼。

阿卜杜拉轻声说:"你有替换的衣服吗?"

老兵点点头,在背包里一阵狂掏。很快,他拿出了两身前胸和后背都带绣花的农家衬衣。阿卜杜拉问他是怎么来的。

"晾衣绳上拿的。"老兵轻声说,并拿出衣刷和剃须刀。在屋顶上,他换上其中一件衬衣,并尽量不发出一点儿声音地刷裤子。动静最大的部分是,他试图用剃须刀刮胡子。那两个仆人不时地抬头看看从屋顶上传来的刮擦声。

"一定是只鸟。"一个说。

阿卜杜拉将另一件农家衬衣直接套在了外套上面,怎么看都别扭。穿成那样,很热。但他没有其他法子能够既拿走藏在外套里的钱,又不让老兵看到他的家底。他用衣服刷子梳了下头,捋平了嘴上的胡子——感觉现在好像至少有十二根胡子在那里了——然后也用刷子刷了裤子。等他弄完后,老兵把剃刀递给阿卜杜拉,并默默地伸出他那条辫子。

"巨大的牺牲,但是我认为这是个明智的选择,我的朋友。"阿卜杜拉轻声说。他把老兵的辫子割下来,藏在镀金的风向标里。这个改变很大。老兵现在看起来像个头发浓密的有钱农民。阿卜杜拉希望自己能够冒充这个农民的兄弟。

他们这么做的时候,那两个仆人清理完了马车,开始将它推进马车房。他们经过魔毯下方那片屋顶时,一个问:"对有人要偷公主的这个传言,你怎么看?"

"嗯,如果你是问真假的话,我想这是真的。"另一个说,"他们说皇家巫师冒了很大风险才发出警报,可怜的人,他不是那种轻易冒险的人。"

老兵和阿卜杜拉又对视了一眼。从老兵的口型看出他在恨恨地诅咒。

"别在意。"阿卜杜拉小声说,"还有其他的法子获得奖赏。"

等仆人们返回院子并走进旅店后,阿卜杜拉让魔毯在院子里着陆。它顺服地滑了下去。阿卜杜拉捡起毯子,将魔瓶包在里面,而老兵则负责带上行李和那两只猫。他们走进旅店,努力做出迟钝和受人尊敬的样子。

店主人接待了他们。受仆人们刚才谈话的提示,阿卜杜拉见到店主时,故意用两个指头漫不经心地夹住一个金币。店主死死盯着那个金币,眼神非常专注,阿卜杜拉都怀疑他是否看清了他和老兵的脸。阿卜杜拉表现得极其礼貌,店主人也是。他带他们去二楼一个宽敞漂亮的房间,同意将晚饭送上楼来,并提供热水澡。

"这两只猫得要——"老兵开口道。

阿卜杜拉狠狠踢了一下老兵的脚踝。"就要这些了,尊贵的店家，"他说，"但是，最热心的店家，您那些谨慎而又勤快的伙计是否能提供一个篮子、一个靠垫和一碟三文鱼？大巫师会奖赏那些热心相助之人的，因为我们明天要将这对聪明异常的猫送给大巫师。"

"我看看能做些什么，先生。"店主说。阿卜杜拉满不在乎地将金币扔给他。这人深鞠一躬，退出了房间。留下阿卜杜拉对自己的表现沾沾自喜。

"没必要这么自鸣得意！"老兵恼怒地说，"我们现在该做什么？我在这里是个通缉犯，并且国王好像已经知道神灵的事了。"

阿卜杜拉很开心，现在是他拿主意而不是老兵。"哈，但国王是否知道城堡装满了被偷的公主，就悬在他头顶上，等着接收他女儿呢？"他说，"你忘了，我的朋友，国王可不曾有幸亲自和神灵说话。这一点，我们可以利用。"

"那又怎样呢？"老兵问，"你能想出一个阻止神灵偷小孩的办法吗？或者找出一个去城堡的方法。"

"不，但我觉得巫师可能知道这些事情。"阿卜杜拉说，"我想我们得修正一下你之前的想法。我们不是要找到一位皇家巫师，并把他勒死，而是要弄清楚哪位巫师最厉害，然后出钱请他帮忙。"

"好吧。但这事由你去办。"老兵说，"但凡是有能耐的巫师，立马就能认出我是怪奇吉亚人，并赶在我离开前叫来警卫。"

店主亲自拿来了猫食。他带来一碗奶酪、一块剔了骨头的三文鱼,以及一碟银鱼。后面跟着他老婆,眼神如他一般直勾勾,手上拿着软软的灯芯草篮子和一个绣花靠垫。阿卜杜拉极力让自己看上去不那么自鸣得意。"非常感谢,最最出色的店主人。"他说,"我会告诉巫师你所给予的悉心照顾。"

"没什么,先生。"女店主说,"这里,在金斯伯里,我们知道如何尊敬会魔法之人。"阿卜杜拉从自鸣得意转为窘迫。他现在意识到,当初该由自己直接假扮巫师的。为了安慰自己,他说道:"我希望,那靠垫里装的全是孔雀毛吧?这个巫师非常特别。"

"是的,先生。"女店主说,"那些我都懂。"

老兵咳嗽了一下。阿卜杜拉不再继续了。他堂皇地说道:"我和我朋友以及这些猫受托给巫师带信。我们想把信带给皇家巫师——但在来的路上听传言说皇家巫师遇到了什么不幸。"

"没错。"店主人把老婆推到一旁说,"其中一位皇家巫师失踪了,先生。但所幸我们有两位皇家巫师。如果您需要的话,我可以告诉您如何找到另一位——皇家巫师苏里曼,先生。"他意味深长地看着阿卜杜拉的手。

阿卜杜拉叹了口气,拿出他最大的那个银币。看来钱数给得正好,因为店主人收下银币后,很详细地给他指了路,并答应晚饭和洗澡水马上准备好。洗澡水和晚饭上来了,水很热,晚饭不错。阿卜杜拉心情愉快。趁老兵和毛小子洗澡时,阿卜杜拉将他的家当从外套转移到了装钱的腰带里,那使得他感觉好多了。

老兵一定也感觉好多了。晚饭后,他坐着并把腿搁在桌上，抽着他那长长的陶土烟管，兴致很好。他松开魔瓶脖颈上的鞋带，垂下来让毛小子玩耍。

"事情很清楚。"他说，"这个镇上是钱说了算。今晚你准备去找皇家巫师谈话吗？依我看，越快越好。"

阿卜杜拉同意，"我不知道他身价多少。"他说。

"得花大价钱。"老兵说，"除非你让他明白，向他透露神灵所言是在帮他忙。就算那样，"他继续若有所思地将鞋带晃过毛小子扑过来的爪子，"我思量着，如果可以的话，你不能告诉他有关妖怪或魔毯的事。会魔法的人都喜欢带魔法的玩意儿，如同那店家喜欢金子一样。你不想他跟你索要这个作为报酬吧？所以你离开时，何不把它们留在这里？我替你照看它们。"

阿卜杜拉犹豫着。话听上去很有道理。但他还是不信任这个老兵。

"对了，"老兵说，"我欠你一个金币。"

"是吗？"阿卜杜拉说，"自从夜之花说我是个女人以来，这是最令我感到吃惊的消息。"

"我们打的那个赌。"老兵说，"魔毯把神灵招来了。比起妖怪平常所捣的鬼，神灵是个更大的麻烦。你赢了，接住。"他将一枚金币抛给房间那头的阿卜杜拉。

阿卜杜拉接住金币，放入口袋，然后大笑。老兵是诚实的，他有自己的一套行事方法。他高兴地下了楼，满脑子想着快点找到夜之花。在楼下，女店主拦住他，又跟他讲了一遍如何去巫师苏里曼的家。阿卜杜拉是如此开心，毫不吝惜地又给了她一个银币。

那个巫师的房子离酒店不远,但它位于老城区,所以道路都穿行于让人晕头转向的小巷和隐蔽的院子中间。现在是黄昏时刻,穹顶和塔楼上方的暗蓝色天空中,已有一两颗明亮的星星挂在那里。但金斯伯里被一个个银色的球形大灯照得通明,这些灯悬浮在头顶犹如一个个月亮。

阿卜杜拉抬头看这些灯,想弄明白是否它们也是一种魔法装置,碰巧注意到一个四条腿的黑影在他身旁的屋顶上潜行。这有可能是任何一只在屋顶上猎食的黑猫,但阿卜杜拉知道它就是午夜,从它走路的样子看不会有错。起初,它消失在山形墙后浓浓的黑影里,他以为它是在追逐一只栖息的鸽子,好为毛小子准备一顿它不爱吃的饭。但等他走到下一条巷子的半道时,它又出现了,沿着他头顶上的矮墙慢慢爬行,他开始觉察出它是在跟踪他。

就在他穿过一个中间摆有大型盆栽树的狭窄院子时,只见它腾空跃起,从一个屋檐跳向另一个屋檐,也想进入那院子。他由此可以确定它是在跟踪他了。但他不明白这是为了什么。走过下两条巷子时,他仍不时地留意它,但他只在入口的拱门上见过它一次。等他转弯进入皇家巫师的住处,那个用鹅卵石铺的院子,它就不见了。阿卜杜拉耸了耸肩,走向房子的大门。

这是所狭长形房屋,很漂亮,窗户都镶有钻石。陈旧而不规则的墙面上绘着相互交织的魔法标记。点着火的铜基座分立于前门两边,熊熊燃烧的黄色火焰高高蹿起。阿卜杜拉抓住门环,门环是一张嘴里衔环的凶神脸,他大胆地敲了起来。

门被一个长脸盘的男仆打开了。"我恐怕巫师忙得很,先生。"他说,"眼下他不接待任何客人。"说着准备关门。

"不,等一下,忠实的仆人,仆人里最可爱的那位。"阿卜杜拉抗议道,"我只想说说有关国王女儿安危的事。"

"巫师已经全都知道了,先生。"这人回答道,仍想关门。

阿卜杜拉敏捷地把脚伸进门缝。"你必须听我说,最有见识的仆人。"他继续说道,"我来——"

在男仆身后,一个年轻女子的声音说道:"就一会儿,曼弗雷德。我知道这事重要。"门再次被打开了。

于是这个仆人在门口消失了,然后又出现在大厅后面的某个地方。阿卜杜拉相当吃惊,眼前出现的是一位极其可爱的年轻女子,一张动人的脸上配有黑色卷发。阿卜杜拉只看一眼就意识到她很美了。以她的北方异域风格,可与夜之花媲美,但不久,他就意识到自己不能再放肆打量她了。她显然是快生孩子了。在赞泽堡,女人大着肚子是不出来见人的。阿卜杜拉几乎不知道自己的眼睛该往哪里看。

"我是巫师的老婆,莱蒂·苏里曼。"年轻女人说道,"你为了什么而来?"

阿卜杜拉鞠了一躬。这有助于他将视线停留在门阶上。"金斯伯里可爱的多子多孙的月亮女神,"他说,"要知道,我是阿卜杜拉,老阿卜杜拉的儿子,是个地毯商人,来自遥远的赞泽堡。我带来你丈夫想要听的消息。告诉他,哦,魔法之屋的神奇主人,今天早上,我和伟大的神灵哈斯鲁尔谈了话,事关国王最珍爱的女儿。"

莱蒂·苏里曼显然不习惯赞泽堡的这套礼仪。"天哪!"她说,"我是说——多礼貌啊!你说的是真的,是吧?我想,你得马上和本谈一下。请进。"

她后退着把阿卜杜拉让进门。阿卜杜拉仍然低垂着眼睛,进了屋子。他一进门,就有东西落在了他肩头,随即,重重地张开爪子,又离开了,越过他的头顶,重重地落在莱蒂凸起的肚子上。一种类似金属滑轮的噪音响彻空中。

"午夜!"阿卜杜拉生气地说,身子向前趔趄。

"苏菲!"莱蒂叫道,怀里抱着猫,身子向后趔趄。"哦,苏菲,我担心得要命!曼弗雷德,马上去叫本。我不管他现在干什么——这是急事!"

第十六章

奇怪的事降临到午夜和毛小子身上

好一阵混乱，人来人往。又有两个仆人出现了，然后相继出来两个穿蓝色长袍的年轻人，他们看上去像是巫师的徒弟。所有这些人都在奔走，而莱蒂怀里抱着猫在大厅里跑前跑后，大声地吩咐着什么。这期间，阿卜杜拉发现曼弗雷德在引领他入座，并恭敬地递给他一杯酒。既然主人家如此安排，阿卜杜拉就坐下来，并开始小口喝酒，但对这眼前的这片混乱感到一头雾水。

他正想着，情况是否得一直这么进行下去，混乱结束了。一位威风凛凛的高个头黑袍男子从什么地方走了出来。"究竟发生了什么？"这人说。

阿卜杜拉由此判断，自己该找这个男人谈话。这个男人有一头浅色的红发，粗犷的脸上露着倦容。那身黑袍子让阿卜杜拉确信他就是苏里曼巫师——无论他穿什么，他长得就像个巫师。阿卜杜拉从座位上起身，鞠了一躬。巫师略带不解地看了他一眼，然后转向莱蒂。

"他从赞泽堡来，本。"莱蒂说，"他知道有关公主受威胁的事。并且他把苏菲带来了。她就是这猫。看！本，你得马上把她变回来！"

莱蒂是那种越慌乱越显得可爱的女士。阿卜杜拉一点儿也不奇怪，苏里曼巫师轻轻地搂过她说道："是的，当然，亲爱的。"并吻了她的额头。这情景使得阿卜杜拉痛苦地想道，不知他是否有机会如此亲吻夜之花，或像巫师那样对妻子说："冷静——记得你有孕在身。"

说完这，巫师扭头说："就没人能把前门关上吗？现在半个金斯伯里都知道发生了什么事。"

这使得阿卜杜拉对巫师的好感又大为增加。阿卜杜拉之所以没站起来去关上门，是担心这里的风俗如此，碰上麻烦事得把前门敞开。他又鞠了一躬，发现巫师转过身来面对着他。

"出了什么事，年轻人？"巫师问，"你怎么知道这只猫是我妻子的姐姐？"

阿卜杜拉多少被这个问题给惊到了。他解释了好几遍——他不知道午夜是人，更不知道她是皇家巫师的亲戚。但他确定根本没人在听他说话。他们见到午夜，看上去全都那么高兴，并就此认定阿卜杜拉带午夜回家是出于友情。阿卜杜拉非但没要大笔酬金，还争辩事情不是这样的，巫师苏里曼似乎觉得自己欠了阿卜杜拉什么，于是说道："好吧，一起来，看她变回原形。"

他用如此友好和信任的方式说话，使阿卜杜拉倍感亲切，任由众人拥着自己，好像是进了后屋的一个大房间里——但是阿卜杜拉感觉完全是到了别的什么地方。地板和墙以一种不同寻常的方式倾斜着。

阿卜杜拉以前从没见过巫师行法。他带着极大的兴趣四面张望，房间里堆满了复杂的魔法装置。离他最近的呈细丝状，周围缭绕着细细的烟雾。旁边是奇特的大蜡烛立在复杂的图形标志里，除此之外全是些用湿陶土做成的奇形怪物。此外，他看见一个带五个喷嘴的喷水池，水柱落下来形成很多怪异的几何图形，半遮半掩住了很多更为奇怪的东西，这些东西一直堆到远处。

"这里没地方施法。"巫师苏里曼对大家说，"先不管这里，我们在隔壁房间搭个场子。所有人，抓紧行动起来。"

每个人都匆忙转到另一个略微小点的房间。那个房间除了墙上挂的一些圆镜子，什么也没有。莱蒂小心地把午夜放下来，搁在房间正中的一块蓝绿色石头上。那里，午夜正襟危坐，清理着前腿的内侧，看上去一点儿也不在意。而其他的人，包括莱蒂和仆人们，兴奋地忙活着，用银色的长棍在她四周搭建起一种帐篷。

阿卜杜拉谨慎地倚墙而立，注视着眼前的一切。至此，他非常后悔自己再三向巫师申明不要报酬。他本应抓住这个机会问他去空中城堡的方法。但他寻思，因为似乎没人认真听他说了什么，所以最好等一切平静下来再说。此时，银色的棍子变成一种银色星星状的图案。阿卜杜拉注视着这阵忙乱，对所有这些镜子中反射出来的景象多少有些困惑，又小，又乱，还凸出来。这些镜子就如墙和地板一样离奇地弯曲起来。

最后，巫师苏里曼拍了拍他那瘦骨嶙峋的大手。"好了。"他说，"莱蒂可以在这里帮我。其余的人到另一个房间去，以保证对公主的护法安然无恙。"

两个徒弟和仆人们匆匆离开了。巫师苏里曼张开双臂。阿卜杜拉想凑近看看，记住所发生的情况。但不知怎的，魔法一开始，他就完全坠入云里雾里了。他知道有什么事发生了，但来不及看清楚是如何发生的。就像是一个不懂音律的人聆听音乐那样。时不时，巫师苏里曼发出低沉而奇怪的命令，把房间以及阿卜杜拉的脑袋搞得一片混沌，让阿卜杜拉更看不清发生了什么。但阿卜杜拉最大的困难来自墙上的那些镜子。

它们不时地显示又小又圆的图像，看似反射，但又不是——不全是。每次，阿卜杜拉看其中一面镜子，镜子就显示这些被搭建起来的银光棍变换成了一种新图形——一颗星星，一个三角形，一个六角形，或其他带角的神秘图形——但是他面前的这些棍子根本没有发光。有一次或两次，有一面镜子里现出巫师苏里曼张开双臂，但在房间里，他明明是双臂下垂。有几次，镜子里现出莱蒂双手紧握一动不动地站着，看上去极为紧张。但阿卜杜拉看镜子外面的莱蒂，她正做着奇怪的手势在四处走动，非常平静。而午夜根本没在镜子里出现过。奇怪的是，在棍子中间，她那又黑又小的身躯，在镜子外面也几乎看不见。

随后所有的棍子突然发出模糊的银光，框架里一片雾气腾腾。巫师最后低低地说了一句口令，便向后退。

"真该死！"棍子搭的框架里边有人说道，"现在我根本闻不到你们的味！"

这让巫师露出了微笑，而莱蒂则放声笑了出来。阿卜杜拉循着声音去看那个让他们如此开心的人，但立马又不得不挪开了视线。可以理解，蹲在框架里的年轻女人根本没穿衣服。他只瞄了一眼就明白，这个年轻女子和莱蒂一样漂亮，尽管肤色有些暗，但和莱蒂很像。莱蒂跑到房间的另一头，转身拿来了巫师的绿袍子。等阿卜杜拉敢抬眼再看时，发现这袍子穿在这年轻女子身上，就像是一件晨衣。莱蒂一边帮她走出那个棍子搭的框架，一边去拥抱她。

"哦，苏菲！发生了什么？"她不停地问。

"等一下。"苏菲喘着气。一开始，她似乎很难靠双脚保持平衡，但她拥抱了莱蒂，然后摇摇晃晃地走向巫师，也拥抱了他。"没有了尾巴，感觉很怪！"她说，"但非常感谢，本。"然后，她走向阿卜杜拉，现在她走得顺畅多了。阿卜杜拉向后靠着墙，生怕她也来拥抱自己。但苏菲只是说："你一定奇怪我为什么跟踪你，事实是，我总是在金斯伯里迷路。"

"我很高兴为你效劳，最最迷人的变幻生灵。"阿卜杜拉相当不自然地说。他确定自己和苏菲相处起来，不会比跟午夜来得更好。她给他的印象是，作为一个年轻女子，她有主见到令人不爽，就跟父亲大老婆的姐姐法蒂玛一样糟糕。

莱蒂还在问是什么让苏菲变成了猫，而巫师苏里曼焦急地说："苏菲，哈尔是不是也变成了动物在四处游荡？"

"不，不。"苏菲说，突然看上去非常焦急，"我不知道哈尔在哪里。你知道,就是他把我变成猫的。"

"什么?你自己的丈夫把你变成了一只猫!"莱蒂叫道,"你们又吵架了?"

"是的,但这非常合理,"苏菲说,"嗯,就在有人偷移动城堡那会儿,我们只提前半天获知情报,当时哈尔碰巧在给国王占卜,卦象显示有个非常强大的东西要偷移动城堡和维尔利亚公主。哈尔说他得立马给国王报信。他办到了吗?"

"他当然提醒了国王。"巫师苏里曼说,"公主被日夜看护起来。我召来了魔族并在隔壁房间做了护法。无论谁想要对她不利,都无法得逞。"

"谢天谢地!"苏菲说,"这让我心里的石头落了地。是一个神灵,你们知道吗?"

"即便是神灵也无法得逞。"巫师苏里曼说,"但哈尔做了什么?"

"他在威尔士施法。"苏菲说。"接着打发走了麦克和新来的学徒。他想让我也离开,但我说,如果他和卡西法不走,那我也不走。难道他就不能在我身上下个咒语,不让神灵看到我在那里吗?为此我们争执起来——"

莱蒂轻轻笑了起来。"为什么我对此一点儿不感到意外?"她说。

苏菲多少有些脸红,不服气地把头抬得高高的。"哈尔不停地说,我和他姐姐一起待在威尔士是最安全的。他明知我和她相处不来,因此我坚持说,如果我待在城堡里不让贼看见,会更有用。总之——"她用手捂住脸,"我想神灵来的时候,我们还在争吵。先有一声巨响,接着一片漆黑和混乱。我记得哈尔大声喊出了猫的咒语——他不得不快速地说出这些咒语——接着大声地对卡西法喊——"

"卡西法是他们的火魔。"莱蒂礼貌地向阿卜杜拉解释说。

"——喊卡西法出来自顾自逃命,因为他俩谁也不是神灵的对手。"苏菲继续说,"然后城堡就像奶酪盘的盖子一样被掀了起来,离开地面,上升到了我头顶上方。接下来,我知道自己成了金斯伯里北部山里的一只猫。"

莱蒂和皇家巫师越过苏菲低着的头,不解地交换了一下眼神。"为什么在山里?"苏里曼巫师奇怪道,"城堡不在那一带附近啊。"

"不,它曾到过四个地方,"苏菲说,"我想我是被扔在了半道中某个地方。情况不算最糟糕。因为山里有很多老鼠和鸟可以吃。"

莱蒂花容失色,一脸厌恶。"苏菲!"她叫道,"老鼠!"

"为什么不?那就是猫吃的东西。"苏菲说,又一次不服气地抬起了头,"老鼠非常可口。但我不那么喜欢鸟。羽毛会噎着我。但——"她哽住了,又一次用手捂住了脸,"但这事发生得真不是时候。摩根就在那之后的一星期降生了,当然他是只小猫——"

如有可能,这让莱蒂更为惊恐,比想起姐姐吃老鼠还要惊恐。她突然大哭起来,用手搂住了苏菲说:"哦,苏菲!你做了什么?"

"自然是猫通常做的事,"苏菲说,"经常给他喂食,并给他清洗。别担心,莱蒂。我把他留给了阿卜杜拉的老兵朋友。谁要是伤害他的小猫,他会拼命的。"她对巫师苏里曼说:"我想我现在得去接摩根,那样你也能把他给变回来。"

巫师苏里曼看上去几乎和莱蒂一样心烦意乱。"我要是早点知道就好了。"他说,"如果因为同一个咒语让他出生就是猫,那么他可能现在已经变回人形了。我们最好弄清楚。"他大步走到一面圆镜前,双手画圈。

那镜子——所有镜子——立刻反射出了酒店的房间,每个都从不同的角度反射,好像它们就被挂在酒店的墙上。阿卜杜拉从一个看到另一个,并且对其他三个镜子里所见的情景起了警觉。魔毯不知为何被摊开放在地板上,上面躺着个胖鼓鼓、皮肤粉嫩的裸体婴儿。尽管是个小婴儿,但阿卜杜拉可以看出他和苏菲一样个性很强。此刻他正在展示这种个性。他的双手和双腿在空中乱舞,脸因愤怒而扭曲,嘴也因生气而张得大大的。

"那人是谁?"巫师苏里曼说,"我之前见过他。"

"怪奇吉亚老兵,一个奇特之人。"阿卜杜拉无奈地说。

"那么,他一定是让我想起了某个我认识的人。"巫师说。

老兵站在啼哭的婴儿旁边,看上去又惊恐又无措。也许他希望妖怪能做些什么。至少,他一手拿着魔瓶。但妖怪化作几股蓝烟悬在瓶口之外,每张烟雾脸,都是双手捂耳,跟老兵一样无助。

"哦,这可怜的宝贝心肝!"莱蒂说。

"你是说,可怜这走运的老兵。"苏菲说,"摩根很生气。

他生下来就是只小猫咪。小猫咪能做的事远远多于一个小婴儿。他生气是因为他不能走路。本，你想你能不能——？"

苏菲的后半句话被一声巨大的像丝绸撕裂般的声音给淹没了。房间震动起来。巫师苏里曼大声叫嚷了什么，然后朝门走去——接着又不得不急忙避开。一大帮不知什么的东西尖叫着，哀嚎着，穿过门边的那道墙席卷而来，猛扑进房间，然后在对面那堵墙上消失了。它们走得太快了，虽然来不及让人看清楚面目，但没一个看上去像人。阿卜杜拉模模糊糊瞥见很多带爪子的腿，或是根本就没腿却在移动的玩意，或是只有一只怪眼的，又或是长着一堆眼睛的。他还看见带獠牙的脑袋、晃动的舌头，以及带火的尾巴。所有这些当中，有一个东西移动得最快，那是一团滚动的泥巴。

然后，他们消失了。门被一名焦虑不安的学徒打开了，他说："先生，先生！护法破了，我们控制不住——"

巫师苏里曼抓住年轻人的手臂，急忙跟他回到隔壁房间，并扭头喊道："我得完了事再回来，公主有危险！"

阿卜杜拉想看老兵和婴儿到底怎么样了，但圆镜子里除了他自己那张焦急的脸，还有苏菲和莱蒂的，都在仰头盯着镜子看，其他什么也看不出来。

"见鬼！"苏菲说，"莱蒂，你会弄这个吗？"

"不。只有本会弄。"莱蒂说。

阿卜杜拉想起魔毯是摊开的，而魔瓶被握在老兵手中。"那样的话，哦，一对姐妹花，"他说，"最可爱的女士们，请允许我尽快赶回酒店，以免这婴儿的哭闹声引起大家不满。"

苏菲和莱蒂齐声回答道,她们也一起去。阿卜杜拉几乎不能怪她们,但在接下来几分钟里,阿卜杜拉就差一点儿要责怪她们了。莱蒂挺个大肚子看上去并不适于在大街上赶路。他们三个急匆匆地穿过隔壁房间——那房间被破了咒,一片狼藉和混乱,巫师苏里曼正发了疯似的在废墟上搭建新东西,他抽出片刻时间命令曼弗雷德将马车套出来。曼弗雷德赶紧照办,而莱蒂则带着苏菲去楼上换些合适的服装。

阿卜杜拉留在大厅来回踱步。千真万确,他只等了不到五分钟的时间,但在此期间,他至少不下十次地去查看前门,查看它是否被魔咒给锁住了。他觉得自己快疯了。就像是过了一个世纪那么漫长,苏菲和莱蒂才下楼来,两人都穿着优雅的会客服。曼弗雷德打开前门,出现了一辆小型敞篷马车,由一匹漂亮的栗色骟马拉着,正等候在鹅卵石路上。阿卜杜拉真想一个箭步冲进马车,赶着马就走,当然那是不礼貌的。他必须等曼弗雷德先帮两位女士上了马车后,自己再爬上驾驶座。但是还没等阿卜杜拉挤进苏菲身旁的位置,马车就出发了,踩着鹅卵石的路面,发出清脆的响声,就这样,阿卜杜拉仍觉得不够快。他几乎不敢想老兵这会儿可能在做什么。

"我希望本很快能将公主重新保护起来。"当他们疾驰过一个露天广场时,莱蒂忧心忡忡地说。

话还没说完,就传来一连串的爆炸声,就像是走了火的烟火。从什么地方响起了铃声,沉闷而急促——发出锣鼓般的声响。

"怎么回事?"苏菲问道,接着自己找到了答案,用手指着大叫,"哦,该死!看,看,看!"

阿卜杜拉扭头向她指的方向看去。正好看见一对张开的黑色翅膀遮住了最近的穹顶以及塔楼上的星星。下面,几座塔楼的楼顶传来些许光亮和几声枪响,士兵们在对着翅膀开火。阿卜杜拉原本可以告诉他们,这玩意对神灵没有用。翅膀冷静地转动着,向上盘旋,接着消失在暗蓝色的夜空里。

"是你的神灵朋友。"苏菲说,"我想是我们在关键时刻干扰了本。"

"神灵谋划好的。哦,曾经的午夜,如果回忆一下,你应该知道,"阿卜杜拉说,"他离开时说过,他期待我们中的一个帮他偷公主。"

城里的其他警铃也开始一起响起来。人们跑到街上抬头观看。马车在越聚越多的人群里穿行,由于越来越多的人聚集到街上,马车被迫越行越慢。每个人似乎都清楚地知道出了什么事。"公主消失了!"阿卜杜拉听到。"一个恶魔偷走了维尔利亚公主!"大多数人都看上去既敬畏又恐惧,但有一两个人说:"那个皇家巫师该被绞死!花钱雇他来是做什么用的?"

"哦,天!"莱蒂说,"国王不会相信,本为了阻止这事发生费了多大的力!"

"别担心,"苏菲说,"我们接了摩根后,就去告诉国王。我擅长跟国王理论。"

阿卜杜拉相信她。他坐在那里,又紧张又焦躁不安。

又好像过了一个世纪,但也许可能只有五分钟,马车挤进了水泄不通的酒店院子。院子里满是人,都在抬头仰望。"我看见它的翅膀了。"他听见一人说,"一只巨鸟用爪子抓着公主。"

马车停下了。阿卜杜拉终于忍耐不住了。他跳下来喊道:"开路,开路,哦,大家伙儿!这两位女巫有要事要办!"一遍遍喊着,推开人群,设法让苏菲和莱蒂来到酒店门口,并把她们推进门里。莱蒂很尴尬。

"你不该那么说!"她说,"本不喜欢让人知道我是个女巫。"

"眼下他没时间顾及这个了。"阿卜杜拉说。他推着她们从目瞪口呆的店主面前经过,并上了楼。"这就是我跟你提过的女巫们,最神圣的店主人。"他告诉店主,"她们很为猫担心。"他三步并作两步上了楼,看见下面跟着莱蒂,随后是苏菲,便率先冲上了另一段楼梯。他推开房间门。"别乱来——"他开口说道,但马上住了嘴,因为他觉察到里面一片死寂。

房间是空的。

第十七章

阿卜杜拉终于抵达空中城堡

桌上是吃剩的晚餐,以及一个里边铺了垫子的篮子。其中一张床上有个皱巴巴的凹痕,上面还有一大片烟灰,好像老兵前不久还躺在上面抽过烟。窗户是关着的。阿卜杜拉朝窗户奔去,想打开它朝外看——不为什么,只是不知道他还能做什么——结果被一个盛满乳酪的碟子给绊倒了。碟子翻转,厚厚的奶黄色乳酪在魔毯上撒下一长道印子。

阿卜杜拉站在那里盯着它。至少魔毯还在那里,那意味着什么?房间的任何一个角落都不见老兵的踪影,当然也不见那个哭闹的婴儿。他迅速用眼睛搜遍了任何一个他能想到的地方,意识到魔瓶也不见了。

"哦,不!"苏菲来到门边,说道,"他在哪里?如果魔毯还在这里,他不可能跑远。"

阿卜杜拉但愿他也能如此确定。"没想吓你,最能活动的婴儿之母,"他说,"我不得不说妖怪好像也失踪了。"

苏菲微微皱起了眉头:"什么妖怪?"

此时阿卜杜拉想起,苏菲似乎在做猫的时候就一直意识不到妖怪的存在。莱蒂也来到了房间,一手叉着腰大口喘气。"出了什么事?"她气喘吁吁地说。

"他们不在这里。"苏菲说,"我猜老兵一定是带摩根去找女店主了。她一定知道怎么照看孩子。"

感觉如同抓住了救命稻草,阿卜杜拉说:"我去看看。"有可能苏菲是对的,他飞速走下第一段楼梯时这样想着。这是大多数男人在突然面对一个哭闹的孩子时会做的反应——假设那人手里没有魔瓶的话。

楼梯底下涌满了要上来的人,他们身上穿着某种制服,脚上的靴子走起路来发出很大的声响。房东一边领他们上楼,一边嘴里说道:"在二楼,先生们。你们的描述非常符合那个怪奇吉亚人,就算他把辫子给剪了。而那个年轻的小伙显然是你们所说的那个同伙。"

阿卜杜拉立刻转身,三步并作两步,蹑手蹑脚地跑回楼上。

"有大麻烦了,两位最迷人的女士!"他气喘吁吁地对苏菲和莱蒂说,"房东——背信弃义的酒店老板——正带着卫兵来抓我和老兵。现在我们该怎么办?"

现在是有主见的女人拿主意的时候了。阿卜杜拉很高兴苏菲就是这样的女子。她立刻行动起来。她把门关上,并上了闩。"把你的手帕借给我。"她对莱蒂说。莱蒂递给她后,她跪下来用手帕擦掉魔毯上的乳酪。"你过来。"她对阿卜杜拉说,"和我一起坐到魔毯上来,然后告诉它带我们去摩根在的地方。莱蒂，你留在这里，拖住卫兵。我想魔毯没法带你走。"

"好。"莱蒂说，"无论如何，我想在国王责备本之前回到他那里去。但我得好好教训一下这个店主，算是见国王前的一个演习吧。"她和姐姐一样有主见。她挺起胸，伸出两个胳膊肘，表示出要好好给店主以及那些卫兵一点儿颜色看看。

阿卜杜拉对莱蒂的表现也感到高兴。他蹲在魔毯上发出轻轻的鼾声。魔毯抖动起来，抖动得非常不情愿。"哦，美丽的织锦，地毯中的无价之宝，"阿卜杜拉说，"我这个可怜的笨手笨脚的乡下人，把奶酪洒在你无价的毯面上，我对此表示深深的歉意——"

门上传来重重的敲打声。"奉国王之命，开门！"有人在门外大叫。

没时间再去奉承魔毯了。"魔毯，我恳求你，"阿卜杜拉小声说，"带我和这位女士去老兵和婴儿去的地方。"

魔毯生气地抖动着，但它服从了。它以惯有的方式冲向前，径直穿过紧闭的窗子。阿卜杜拉这回很警醒，有一瞬间真的看到了玻璃和黑色窗框，如同水的表面。他们过了窗子后，就飞升到了那些银色球形街灯的上方。但他怀疑苏菲是否看见这些了。她两手死死抓住阿卜杜拉的胳膊，他猜她肯定是闭着双眼。

"我讨厌高度！"她说，"最好别太远。"

"这张杰出的魔毯会尽其所能全速载我们走，尊敬的女巫。"阿卜杜拉说，试图将她和魔毯一起讨好了。但他不确定这话是否对他俩起了作用。苏菲继续死死地抓住他的胳膊，魔毯快速扫过金斯伯里塔楼和街灯上方,令人眩晕地绕过看似皇宫的穹顶,来到了另一个城市的上空。一路上,她惊恐地发出一声声短暂而轻微的喘息声。

"它在干什么?"苏菲气喘吁吁地说。显然她的眼睛并没完全闭上。

"安静,最镇静的女巫,"阿卜杜拉安慰她道,"它确实是像鸟儿一样在盘旋升高。"但他暗自觉得魔毯是没了方向。等到金斯伯里的穹顶和灯第三次在下方经过时,他明白自己是碰巧猜对了。第四圈比第三圈大得多——但非常快——金斯伯里成了一块光亮的宝石,远远地落在了底下。

苏菲往下偷望了一眼,吓得脑袋一抖。她抓阿卜杜拉抓得更紧了,死死地。"哦,天哪,太可怕了!"她说,"我们还在上升!我确信那该死的老兵是带着摩根去找神灵了。"

他们现在这么高了,阿卜杜拉担心她是对的。"无疑,他想去救公主,"他说,"想讨个大赏。"

"他不该把我的孩子也带上!"苏菲大喊,"等我找到他,有他好看的!但没有魔毯,他是怎么去的?"

"他肯定是命令妖怪去跟踪神灵了,哦,母亲中的月亮女神!"阿卜杜拉解释道。

对此,苏菲又说:"什么妖怪?"

"我向你保证,最敏锐的女巫,除了这魔毯,我还拥有一个妖怪,不过你好像从来对它视而不见。"阿卜杜拉说。

"好,我相信你。"苏菲说,"继续说,说话——不然我会往下瞧,如果往下瞧,我知道我就会栽下去。"

由于她还死死地抓住阿卜杜拉的手臂,他知道如果她摔下去,他也会跟着摔下去。金斯伯里现在是个朦胧的亮点,因为魔毯还在盘旋上升,所以亮点一会儿在这边,一会儿又在那边。英格里的其余部分在它周围就像是个蓝黑色的巨型碟子。一想到会从这么高栽下去,阿卜杜拉和苏菲一样害怕起来。他赶紧开始给她讲自己所有的冒险经历,如何遇上夜之花,苏丹王如何抓他进监狱,妖怪如何被卡布尔·阿客拔的小喽啰们从绿洲的池塘里钓出来——那些喽啰其实是天使——还有要许一个不让妖怪搞砸的愿望有多么困难。

此时,虽然他们这么高,很难辨得清下面的一切,但阿卜杜拉能看见位于英格里南部如白色海洋般的沙漠。"现在我明白了,老兵认同我赢了那个赌,是想取信于我。"阿卜杜拉懊悔地说,"我想他一直想要偷那妖怪,或许还有这张魔毯。"

苏菲对此很感兴趣。她抓着阿卜杜拉的手没那么紧了,这让阿卜杜拉大感欣慰。"你不能责备妖怪憎恨所有人,"她说,"想想你自己被关在地牢里的滋味。"

"但是老兵——"阿卜杜拉说。

"那是另一回事!"苏菲发誓,"等我亲手抓到他,你就看好了!我不能忍受这种人,心慈手软地对待动物,却欺骗生活中遇见的每一个人。但是,再回到你刚才说到的妖怪——它似乎是神灵故意送给你的。你觉得这是他计划的一部分吗?让伤心的情人们帮他制服他兄弟?"

"我觉得是的。"阿卜杜拉说。

"那么等我们到达空中城堡,假如我们真的是去那里的话,"苏菲说,"也许我们可以指望有其他伤心失意的情人前来相助。"

"也许。"阿卜杜拉谨慎地回答说,"但我回想起来,最有好奇心的猫,你在神灵说话的时候逃进了灌木丛,神灵仅仅对我抱有期望。"

不管怎样,他往上看。现在天空变得越来越冷,而那些星星看上去近得令人不舒服。暗蓝色的天空里有一抹银色,好似月光要从某处透射出来,非常美丽。阿卜杜拉心潮澎湃,也许他正走在去营救夜之花的路上。

不幸的是,苏菲也在抬头看。她抓紧了他的胳膊。"说话,"她说,"我害怕。"

"那么你也必须说话,勇敢的施咒者。"阿卜杜拉说,"闭上眼睛,然后告诉我夜之花所许配的欧芹斯坦王子的事。"

"我想她不可能许配给他了。"苏菲瑟瑟地说道,她真的很害怕,"国王的儿子还是个婴儿。当然还有国王的兄弟,贾斯汀王子,但他得迎娶怪奇吉亚公主碧翠斯——不过她不想听到这个消息而逃走了。你认为神灵已经抓到了她吗?我想你们的苏丹王正是垂涎我们巫师所制造的那些兵器——但他不可能得到它们。他们不允许雇佣兵带着这些武器南下。实际上,哈尔说他们甚至不该派遣雇佣兵。哈尔——"她的声音消失了,抓着阿卜杜拉手臂的手在发抖。"说话!"她声音嘶哑地说。

现在呼吸变得困难了。"我几乎不能,铁腕的女圣主,"阿卜杜拉喘息着说,"我想,这里空气很稀薄。你不能施点魔法来帮助我们呼吸吗?"

"也许不行。你一直叫我女巫,但我真的还是个新手。"苏菲反驳道,"你看见了。我是猫的时候,仅仅是会变大而已。"但她松开了阿卜杜拉一会儿,在头顶做了几个短而快的手势。"真的,空气!"她说,"这真丢人!你得让我们呼吸得比这更顺畅些,不然我们支撑不下去了。围绕在我们身边,让我们呼吸到你!"她又抓住了阿卜杜拉:"好一点儿了吗?"

现在好像空气真的多了些,虽然比之前更冷了。阿卜杜拉很吃惊,苏菲施咒语的方法在他看来非常业余——事实上跟他哄魔毯起飞的方法没啥两样——但他必须承认这方法管用:"是的。非常感谢,施咒者。"

"说话!"苏菲说。

他们这么高,以至于下面的一切都看不见了。阿卜杜拉不难理解苏菲的恐惧。魔毯正穿越无边的黑暗,越来越高,阿卜杜拉觉得,假如此刻就他一个人的话,他也许早就叫出声来了。"你说,神勇的女魔法师。"他颤抖地说,"说说你的哈尔。"

苏菲的牙齿格格发抖,但她骄傲地说:"他是英格里乃至这世上最好的巫师。要是时间够的话,他已经打败那个神灵了。他很狡猾也很自私,像孔雀那样虚荣和胆小。因此,你很难将他归类。"

"真的?"阿卜杜拉问,"奇怪,你竟然用如此骄傲的口吻数落出这么一连串的缺点,最最尊敬的女士。"

"你说什么——缺点?"苏菲生气地问,"我只是描述哈尔。他完全来自另一个世界,你知道,那地方叫威尔士,我不相信他已经死了——哦。"

当魔毯向上冲进一片望去像薄纱似的云朵时，她以一声悲叹结束了话语。在云里，那薄纱状的东西是冰片，洒落在他们身上，有的细如条状，有的大如块状，有的呈圆形，如下起了大冰雹。魔毯向上冲出那里时，他们两个都气喘吁吁。接着，两人又倒吸一口气，惊呆了。

他们到了一个沐浴在月光下的新国度——月光带着些许金色，是满月才有的那种金黄色。一时间阿卜杜拉想找寻月亮，却不见它的踪影。那亮光似乎是来自银灰色天空本身，上面缀满了大而清澈的金黄色星星。但他只来得及看那一眼。魔毯已经出来，来到了一片朦胧而透明的云海旁边，行进在软软的翻滚起伏的云团之上。魔毯就好似一块金绿色的丝绸，每个起伏都能被看得清清楚楚，但那水是湿的，几乎要将它压垮。空气很暖和。魔毯的表面覆盖上了一堆堆正在融化的冰，他们的衣服和头发上也都是冰。头几分钟，苏菲和阿卜杜拉只顾着将冰块从魔毯的边缘扫进透明的云海里去。冰块坠落到下面的天空里，旋即消失。

魔毯颠簸得轻快些了，此时他们才有机会环顾四周，又一次被惊艳到了。因为这里有暗金色的岛屿、海岬和海湾，阿卜杜拉曾在日落时分见过它们，此刻正从他们身边延展开去，伸向远处的一片银色。在那里，它们默然静寂，犹如天堂的美景被施了魔法一般。透明的云浪带着最细微的私语声撞击到云岸上，似乎更添一分寂静。

在这样一个地方似乎不该说话。苏菲用肘轻推阿卜杜拉，并用手指点。那里，在最近的云状海岬上立着一座城堡，巍峨气派，高耸的塔楼上露出泛着银光的窗户。它是云做的。他们正看着，几座高一点儿的塔楼从两旁流转开去，消散不见了，而其他的或收缩或扩展。在他们眼底，这就像一个黑点变成了一个皱着眉头的巨型要塞，接着又开始变化。但它仍旧在那里，仍旧是一座城堡，看上去这就是魔毯要带他们去的地方。

魔毯现在是以快步走的速度在行进，但轻轻地，一直沿着海岸线，好像不急于被人看见。在云浪后边还有云状的灌木，带了些许如落日余晖般的红色和银色。魔毯潜伏在这些灌木云下方，就像在金斯伯里平原上贴着树潜行一样，绕过海湾，进入了海岬。

随之而来的是一番金色海洋般的气象。远处有移动的烟雾体，应该是轮船，或者是其他什么东西在自行其道。仍然非常寂静，魔毯爬行出来，到了海岬，那里没有很多灌木丛。在此它降下来，贴着云地走，就像当初它沿着金斯伯里起伏的屋顶走一样。阿卜杜拉没有责怪它。在他们的前面，城堡又在变化了，延展开来直至变成一个巨大的亭子。魔毯沿着一条长长的通向城堡大门的路走，穹顶开始升起来并且变大，伸出了一个暗金色的尖顶，仿佛在注视着他们的到来。

路的两旁也排列着各种形状的云体，仿佛也在注视着他们的到来。这些从云地上长出来的云体，由一小片云向上脱离主体蜷曲而成。但和城堡不一样，它们的形状始终如一。每一个都骄傲地向上蔓延，多少有点儿像海马的形状，或类似象棋里的骑士，只是脸比马脸要更单调和扁平，脸部周围的卷须既不是云也不是头发。

苏菲看着这些在旁边经过的云体,越看越不喜欢。"我觉得他对塑像的品位不高。"她说。

"哦,安静,最直言不讳的女士!"阿卜杜拉小声说,"这些不是雕塑,而是两百个听命于神灵的随从天使!"

他们的声音引起了最近那团云体的注意。它搅起一团雾,张开月亮石般巨大的眼睛,就在魔毯要偷偷经过时,它弯身去查看魔毯。

"难道你胆敢阻止我们?"苏菲对它说,"我们只是来要回孩子。"

巨大的眼睛眨了眨。显然天使不习惯这种疾言厉色的说话方式。白色的翅膀开始从两侧张开。

阿卜杜拉赶紧在魔毯上站了起来并鞠躬。"你好,最尊贵的天堂使者,"他说,"这位女士说的是大实话,请原谅她,她来自北方。但她和我一样,不是来生事的。神灵们非常在乎她的孩子,我们也是,我们只是来领孩子的,谨此献上我们最谦卑和诚挚的谢意。"

这些话似乎安抚住了这个天使。虽然它那奇特的脑袋扭过来看魔毯继续潜行,但翅膀又隐退到了云体两侧,它没有试图阻拦他们。但马上,路对面的天使也张开了眼睛,旁边的两个也扭过头来瞪着他们。阿卜杜拉不敢再坐下。他变换脚的位置以保持身体平衡,给每对到来的天使作揖。这并不容易。魔毯知道天使的厉害,在阿卜杜拉作揖时,它越走越快。

即使是苏菲也意识到了,一点儿小小的礼貌会有所帮助。在他们飞速而过时,她对每个天使点头致意。"晚上好。"她说,"今天的落日很美。晚上好。"她来不及说更多的,因为魔毯急速来到了路的末端。抵达城堡大门时——门是关着的——魔毯像老鼠钻地沟般地潜了过去。阿卜杜拉和苏菲感到一片雾蒙蒙的潮湿,然后进入了一片金色的灯光之中。

他们发现自己来到了一个花园。这时,魔毯落在地上,它待在那里,软得像块洗碗布,它全身传过一阵微微的颤抖,作为地毯,那可能是恐惧的战栗,也可能是辛苦之后的喘息,或二者皆而有之。

花园里的地是实心的,看上去不像是云做的,阿卜杜拉和苏菲小心翼翼地踩了上去。是实心草皮,长着浅绿色的草。远处,在正式的篱笆墙内,一个大理石喷泉在不停地吐出水花。苏菲看着这些,环顾四周,开始皱眉。

阿卜杜拉弯下腰,小心地将魔毯卷起,拍着它柔声说道:"表现神勇,最最亲爱的锦缎。"他告诉它:"好了,好了,别怕。任何神灵,不管法力多大,我不会让它动你一丝一毫的。"

"你听上去像是老兵在哄小猫咪时的摩根。"苏菲说,"城堡就在那里。"

他们出发向城堡走去,苏菲留意地盯着四周看,并发出一两声不屑的声音。阿卜杜拉将魔毯轻轻地扛在肩头,时不时地拍拍它,走着走着,感觉它不再抖动了。他们走了一会儿,这花园虽不是云做的,但在他们四周不断变化放大。那些篱笆变成了颇具美感的浅粉色花岸,那个喷泉——他们一直可以从远处清楚地看见——现在看上去是水晶或最贵的橄榄石做的。再走几步,他们看到所有藤蔓植物都被栽种在镶宝石的盆子里,枝繁叶茂，沿着油漆漆过的柱子向上绕行。苏菲的不屑声更大了。那个喷泉，据他们判断是用银做的，上面还镶了蓝宝石。

"神灵对别人的城堡太肆意妄为了。"苏菲说，"除非我完全弄错了，这里曾是我们的卫生间。"

阿卜杜拉感觉脸发烧。不管是不是苏菲的卫生间，这正是他白日梦里的花园。哈斯鲁尔在嘲弄他，一如过去那样嘲弄他。前面的喷泉变成了金子做的，镶嵌其中的红宝石闪烁着暗红色的光，此时阿卜杜拉变得和苏菲一样恼怒。

"即使我们不理会那些让人摸不着头脑的变幻，花园也不该是这个样子的。"他生气地说，"花园看上去应该是自然的，带一点儿野味，还得有一大片野风信子。"

"非常正确。"苏菲说，"如今看看那个喷泉！把卫生间搞成什么了！"

喷泉变成了镶了绿宝石的白金。"荒诞不经，俗不可耐！"阿卜杜拉说，"我设计花园的时候——"

他的话被一个小孩的尖叫声打断了。两人拔腿就向声音的方向跑去。

第十八章

满屋子的公主们

孩子的尖叫声越来越大,方向肯定没错。阿卜杜拉和苏菲沿着那个带柱子的回廊寻声跑去,苏菲气喘吁吁地说:"不是摩根——是个比他大的孩子!"

阿卜杜拉认为她是对的。他能在尖叫声里听到一些话,虽然听不清是什么。当然,摩根即便是憋足了吃奶的劲儿,扯破嗓子也发不出这么大的噪音来。尖叫声实在大到令人无法忍受,之后降低声调变成了刺耳的抽泣声,接着变成了烦人而持续不断的"哇——哇——哇"。正当这抽泣声让人真的无法忍受时,这孩子又将声音提高,变成了歇斯底里的尖叫。

阿卜杜拉和苏菲循着声音出了回廊,进入一个大云厅。他们谨慎地在一根柱子后面停了下来,苏菲说道:"那里是我们的正厅。他们肯定把它放大成了舞厅!"

这是个极大的厅。那个尖叫的小孩站在正中间。她大概四岁模样,有着漂亮的卷发,身穿白色睡袍。她满脸通红,嘴张得大大的,不时在绿斑岩地板上跌倒,站起来,又跌倒。假如有小孩站在泥泞的稻田里,就是这个样子。大厅发出的巨大回声也跟着她一起叫喊。

"是维尔利亚公主,"苏菲小声对阿卜杜拉说,"我猜就是她。"

在哭天抢地的公主头上徘徊的就是身形巨大的哈斯鲁尔。另一个神灵躲在他身后,肤色苍白,要比他小得多。"做点什么!"这个小神灵叫喊道——大家听得见他说话,只因他有着银喇叭一样的声音——"她快把我给逼疯了!"

哈斯鲁尔低下他那张大脸,对着维尔利亚尖叫的脸。"小公主,"他用雷鸣般的声音柔声说道,"别哭了,你不会有事的。"

维尔利亚公主的第一个反应是站起来冲着哈斯鲁尔的脸尖叫,然后躺倒在地上,乱滚乱踢。

"哇——哇——哇!"她大叫,"我要回家!我要爸爸!我要奶妈!我要贾斯汀叔叔!哇啊啊哈!"

"小公主!"哈斯鲁尔尽力柔声说道。

"别总是哄她!"另一个神灵尖声说道,他显然是达泽尔,"变点法术,让她做些好梦,或者念个咒语让她安静,或给她一千个泰迪熊,一吨太妃糖,什么都行!"

哈斯鲁尔转向他弟弟。他张开的翅膀扇起阵阵旋风,把维尔利亚的头发和睡袍都刮得飘了起来。苏菲和阿卜杜拉不得不紧贴柱子,不然这股强风已经把他们吹倒了。

但这一点儿也不影响维尔利亚公主发脾气。如果有什么变化,那就是她叫得更厉害了。"我什么法子都使了,我的弟弟！"哈斯鲁尔隆隆地说道。

维尔利亚公主现在不停地喊："妈妈！妈妈！他们吓唬我！"哈斯鲁尔不得不提高声音，不折不扣的雷鸣声。

"难道你不知道，"他大声说，"几乎没什么法术可以制止这种脾气的小孩吗？"

达泽尔把那双苍白的手拍在耳朵上——尖尖的耳朵看上去像菌菇。"嗯，我受不了了！"他尖叫道，"让她沉睡一百年！"

哈斯鲁尔点点头，转回到维尔利亚公主身边，趁她正尖叫着在地上打滚，举起手放在她上方。

"哦，亲爱的！"苏菲对阿卜杜拉说，"做点儿什么！"

首先，阿卜杜拉不知道该做什么；再者，他暗想如果有什么可以阻止这可怕的噪音倒也不错。因此他没做什么，只是不知所措地从柱子边挪开了。但幸运的是，没等哈斯鲁尔的魔法对维尔利亚起效，另一群人出现了，一个粗声粗气的大嗓门在这片混乱中响起。

"这么吵闹是怎么回事？"

两个神灵都开始后退。新来的全是女人，看上去都很不高兴。如果就这样描述的话，似乎只说中了她们仅有的两个共同点。她们一共大概三十位，站成一排，带着责怪的眼神瞪着那两个神灵。她们有高有矮，胖瘦不一，年纪也参差不齐，且各种肤色的都有。阿卜杜拉吃惊地扫视着这一排人，她们一定是被绑架的公主，这是她们的第三个共同点。从离阿卜杜拉最近那个弱小的黄皮肤公主开始，一直到不远处那个驼背老公主，她们身上的服装形形色色，从舞会礼服到粗花呢服，什么都有。

刚才叫出声的那位公主身材中等，看上去很结实。她穿着骑马装，站在稍稍靠前一点儿的位置。她的脸因户外活动而显得有点儿黑，且不那么平滑，但看上去率直而通晓事理。她极为轻蔑地看着这两个神灵。"真是可笑之极！"她说道，"两个像你们这般法力无边的神灵，却无法让一个小孩停止哭闹！"她上前一步，对着维尔利亚翻滚的屁股，狠狠地给了一巴掌，说："住嘴！"

有效果。维尔利亚这辈子从没被打过。她好像中了枪似的，翻身坐了起来，带着哭肿的眼睛无比惊讶地盯着这位直脾气的公主："你打我！"

"如果你不乖，我还会打你。"这位直脾气的公主说。

"我会叫。"维尔利亚说。她的嘴又咧开了，并深深吸了一口气。

"不，你不会的。"直脾气公主说。她把她从地上拎起，并很快交到身后的两位公主手里。又上来几个，她们团团围住了维尔利亚公主，发出安抚的声音。混乱中，维尔利亚又开始尖叫，但这次有些犹豫。直脾气公主把手叉在腰上，转身轻蔑地看着两个神灵。

"看到了吧？"她说，"你们要做的不过是打一棒子再给个甜枣——但你俩谁也不懂这个！"

达泽尔走向她。现在他不那么生气了，阿卜杜拉吃惊地发现，达泽尔很漂亮。要不是他那对真菌般的耳朵和一双带尖甲的脚，他本该是个天使般的高大男人。他一头金色的卷发，那对看上去发育不良的小翅膀，也是金色的。他红红的嘴咧开来，绽出一个甜甜的微笑。总之，他有一种病态的美，和他所居住的这个怪诞的云中城堡很般配。"请把这孩子带走，"他说，"并且安慰她，哦，碧翠斯公主，我妻子中最最贤明的那位！"

直脾气公主碧翠斯做手势示意其他公主带维尔利亚走，但很不客气地回敬道。"我告诉过你，小伙子，"她说，"我们谁也不是你的妻子。你可以这么叫，但这无济于事，不会有任何改变。我们现在不是你的妻子，将来也不会是！"

"一点儿没错！"大多数公主坚定而生气地齐声附和道。带着仍在抽泣的维尔利亚公主，几乎所有公主都转过身蜂拥而去，只有一个例外。

苏菲的脸上露出开心的笑容。她小声说道："看起来，公主们在掌握自己的命运！"

阿卜杜拉顾不上理会她，因为留下来的那位公主正是夜之花。她总是比他记忆中还要漂亮一倍。她那黑黑的大眼睛严肃地盯着达泽尔，看上去甜美而庄重，她礼貌地鞠了一躬。阿卜杜拉一看到她立刻心花怒放。他周围的那些云柱似乎都摇晃起来，然后不见了踪影。他的心因欢喜而狂跳。她没事！她就在这里！正在和达泽尔说话！

"原谅我，伟大的神灵，我是否可以留下来问您一个问题。"她说，她的声音比阿卜杜拉记忆中的更加悠扬和甜美，像清凉的泉水。

令阿卜杜拉生气的是，达泽尔对此的反应似乎是很恐惧。

"哦，不会又是你吧！"他尖声尖气地说。而哈斯鲁尔像根黑柱似的立在他身后，双臂交叉，不怀好意地笑着。

"不错,是我,坚定的公主偷盗者。"夜之花说,礼貌地行领首礼,"我在此仅仅想问,是什么东西让小孩开始啼哭的?"

"我怎么知道?"达泽尔问道,"你总是问我回答不了的问题。为什么问这个问题?"

"因为,"夜之花回答道,"国王子嗣的掳掠者,安抚小孩最简单的方法是找出她发脾气的原因。我小时候也经常发脾气,所以我知道。"

才不是!阿卜杜拉想,她说谎一定有缘由。像她这般好性子的女孩绝不会为了什么东西而哭闹的!然而,阿卜杜拉生气地发现,达泽尔轻易地相信了这一点。

"我想你是对的!"达泽尔说。

"因此,小孩为了什么哭?勇敢的掠夺者?"夜之花继续问道,"是她想回到自己的皇宫,还是想要某个特殊的玩偶,还是仅仅被您的脸给吓到了,或者——"

"如果那是你的用意所在的话,我不会放她回去的。"达泽尔打断道,"她是我的妻子之一。"

"那么我恳请您找出令她尖叫的缘由,正义的打劫者。"夜之花礼貌地说,"如果不知道那原因的话,哪怕是三十个公主也无法让她安静。"的确,就在她说这话时,维尔利亚公主的声音在远处又响了起来——哇——哇——哇!越来越大声。"这是我的经验之谈,"夜之花说道,"我有一次整天整夜地叫唤,叫了整整一星期,直到完全失声,就因为我的脚长大了,穿不下最心爱的鞋子了。"

阿卜杜拉能够看出夜之花说得一点儿不假。他想要相信,尽可能地试着去相信，但他实在无法想象他可爱的夜之花躺在地上手舞足蹈，狂呼乱叫的样子。

达泽尔再次毫不怀疑。他耸耸肩，生气地转向哈斯鲁尔："想想，你不能想想？是你把她带来的，你一定注意到什么使得她哭了。"

哈斯鲁尔那张棕褐色的大脸上一脸苦相，很是无助："我的弟弟，我带她来时路过厨房，她那会儿一声不响，吓得脸色发白。我想也许糖果能使她开心，但她把糖果扔向厨子的狗，还是一声不响。你知道的，是我把她和其他公主放在一起以后，她才开始哭的，她尖叫只在你把她——"

夜之花竖起了一个手指。"哈！"她说。

两个神灵都转向她。

"我知道了。"她说，"一定是厨师的狗。孩子们总是喜欢与动物为伴。她过去总是想要什么就有什么，现在她想要那只狗。吩咐你的厨师，绑架者之王，把他的狗带到我们住的地方，我向你保证，哭声会停止。"

"很好，"达泽尔说，"去办！"他对哈斯鲁尔尖声说道。

夜之花鞠了一躬。"我谢谢您。"说着，转身迈着优雅的步子走开了。

苏菲碰了碰阿卜杜拉的手臂："我们跟上她。"

阿卜杜拉没动也没应声。他盯着夜之花的背影，几乎不敢相信真的见到她了，并且同样不相信达泽尔没有拜倒在她石榴裙下对她心生爱慕。他不得不承认，这的确是个安慰，但结果都一样！

"她是你的意中人,是吧?"苏菲看了一眼他的脸说。阿卜杜拉专注地点点头。"你的眼光不错。"苏菲说,"现在快点,别让他们发现我们。"

他们在柱子后面慢慢向夜之花离开的方向移动,一边走一边谨慎地留意大厅内的动静。远远地,达泽尔不开心地坐在位于台阶之上的巨大宝座里。哈斯鲁尔刚从厨房回来,这个厨房不知在城堡的什么方位。达泽尔吩咐他跪在宝座旁边。他们谁也没朝这边看。苏菲和阿卜杜拉偷偷地走到拱门边,夜之花才掀开帘子进去不久,因此那帘子还在晃荡。于是他们把帘子往旁边一拨,跟了进去。

帘子里面是一个灯火通明的大厅,公主们挤作一堆。在她们中间,维尔利亚公主在抽泣:"现在我想回家!"

"安静,亲爱的。你很快会回家的。"有人回答道。

碧翠斯公主的声音说道:"你刚才喊得很不错,维尔利亚,我们都为你骄傲。但现在别哭了,乖女孩!"

"不!"维尔利亚呜咽道,"我停不下来了。"

苏菲盯着房间四周,越发生气。"这是我们的扫帚柜!"她说,"真的!"

阿卜杜拉顾不上理会她,因为夜之花就在附近柔声叫唤:"碧翠斯!"

碧翠斯公主听到了,挤出人群。"别告诉我,你办到了。"她说,"好,那些神灵对你在算计他们毫无知觉。花,一切进行得很顺利。如果那男人同意——"

此时她注意到了苏菲和阿卜杜拉。"你们两个是从哪里冒出来的？"她说。

夜之花转过身。在她看见阿卜杜拉的那一瞬间，他所期盼的东西在她脸上一览无余：认同、开心、爱和骄傲。"我就知道你会来救我的！"她那双黑色大眼睛如此说道。接着，让他伤心和困惑的是，这一切全没了。她的表情变得平静和礼貌。她礼貌地欠了欠身。"这是来自赞泽堡的阿卜杜拉王子，"她说，"但我不认识这位女士。"

夜之花的行为让阿卜杜拉恍然大悟。他想，她一定是吃苏菲的醋了。他鞠躬回礼，并急忙解释道："哦，众位君王王冠上的珍珠，这位女士是皇家巫师哈尔的妻子，她是来找她孩子的。"

碧翠斯转过身来，将她那张饱经风吹日晒的脸对着苏菲。

"哦，是你的孩子！"她说，"那么哈尔也在这里？"

"不，"苏菲悲伤地说，"我倒希望他在此。"

"我恐怕，没见他在此。"碧翠斯公主说，"真可惜。虽说是他帮敌国打败了我们，但如果他在这里，会帮得上忙的。你的孩子在我们手里，这边请。"

碧翠斯公主领头向房间后面走去，途中经过那群试图安慰维尔利亚的公主。由于夜之花跟着碧翠斯一起去了，所以阿卜杜拉也跟去了。让他越来越沮丧的是，夜之花现在连看都不看他一眼了，仅仅是礼貌地向每位经过的公主点头致意。"阿尔伯利亚公主，"她郑重其事地说，"法克檀公主，撒亚克的女继承人。这是培齐斯坦公主，旁边那位是尹希库的明珠。再旁边，你见到的是德里麦德的小公主。"

那么，如果不是出于嫉妒，那究竟是什么呢？阿卜杜拉郁闷地想道。

房间的后面有一张宽宽的长凳，上面有很多垫子。"我的杂物架！"苏菲愤愤说道。有三位公主坐在那张凳子上。一位公主年纪颇大，阿卜杜拉之前留意到过；一位公主穿着厚厚外套，显得很笨拙；另一位黄皮肤的小个子公主坐在她们中间。小个子公主用她那小树枝般细的胳膊搂着摩根那肥嘟嘟的粉红色身体。

"她是查颇番公主，她的名字太难读，我们只能读成这个样了。"夜之花很正式地介绍道，"在她右边的是上诺兰公主。在她左边的是爪哇国爪哇公主。"

小个子查颇番公主抱着摩根，看上去像一个孩子拿着与她体型不相称的玩具娃娃，但她极为熟练老道地在用一个大奶瓶给摩根喂奶。

"孩子喜欢她。"碧翠斯公主说，"这对她是件好事。她不再忧伤。她说自己已经有十四个孩子了。"

小个子公主带着羞涩的微笑抬头看了一眼。"都是男哈（孩）。"她口齿不清地细声说道。

摩根的手指头和脚趾头不停地蜷曲又张开。他看上去像个心满意足的婴儿。苏菲注视了一会儿。

"她从哪里搞来的奶瓶？"她问，好像担心有毒似的。

小个子公主再次抬起了头，微笑着用手指比画。

"她不怎么会说我们的话。"碧翠斯公主解释道，"但那妖怪看上去能听懂她说的。"

那公主用纤细的手指指向地板，那里，在长凳边上她那悬空的小脚下方立着一只眼熟的蓝紫色瓶子。阿卜杜拉冲向那瓶子，就在此时，那个笨拙的爪哇国爪哇公主也冲向它，那手出乎意料的强悍有力。

"住手！"他们扭打时，妖怪在瓶子里面咆哮道，"我不出来！这次，那些神灵会杀了我的。"

阿卜杜拉两手抓住瓶子，用力拉。这一用力让爪哇国公主身上裹的外套掉了下来。阿卜杜拉发现自己正盯着一双蓝蓝的大眼睛，满脸皱纹，上面是一头灰色的蓬发。这张脸做了个无辜的表情——正是老兵！他露出一个羞怯的微笑，然后松手，放开了魔瓶。

"你！"阿卜杜拉厌恶地说。

"他是我的忠实臣民，"碧翠斯公主解释道，"是来救我的。说实话相当奇怪！我们不得不帮他乔装打扮。"

苏菲将阿卜杜拉和碧翠斯推到一边。"让我来处理他。"她说。

第十九章

老兵、厨师和地毯商人各自开价

有那么一小会儿,维尔利亚公主的哭声完全被另一种嘈杂声给盖过了。这噪音大部分来自苏菲,她开始骂得还比较客气,什么"贼"啊"骗子"的,接着逐步发展成高声痛斥老兵的罪行了。那些罪行不仅阿卜杜拉闻所未闻,甚至连老兵自己也未曾动过要干这些坏事的念头。听着这些,阿卜杜拉心想,实际上苏菲做午夜时经常发出的那种金属滑轮般的噪音,都比现在要好听多了,但有些声音是老兵发出来的。他单膝跪地,双手护着脸大叫,越叫越响:"午夜——我是说,夫人!让我解释,午夜——呃——夫人!"

对此,碧翠斯公主厉声说道:"不,让我来解释!"

各位公主纷纷大声叫道:"哦,请安静,神灵会听见的!"

阿卜杜拉恳求地摇着苏菲的臂膀想要制止她。但要不是摩根松开了奶嘴,苦恼地看着四周,也开始哭闹起来,她是无论如何停不下来的。苏菲立刻住了嘴,然后又开口说道:"那好,说吧。"

稍稍安静后,小个子公主把摩根哄得不哭了,他又开始喝奶。

"我没想带着这孩子的。"老兵说。

"什么?"苏菲说,"你想扔下我的——"

"不,不,"老兵说,"我让妖怪把他放到有人照顾他的地方,并带我去追英格里公主。我承认我是为赏金而来。"他向阿卜杜拉求助:"但你是知道妖怪那德性的,是吧?接下来我们就被送到了这里,这就是我知道的一切。"

阿卜杜拉拿起魔瓶,看着它。"他的愿望达成了。"妖怪闷闷不乐地在里面说道。

"这个婴儿叫起来真是惊天动地。"碧翠斯公主说,"达泽尔派哈斯鲁尔来查明噪音是怎么回事,我能想得到的说法就是维尔利亚公主在发脾气。然后,当然我们不得不让维尔利亚尖叫。花就是那时开始制订计划的。"

她转向夜之花,夜之花看上去若有所思——阿卜杜拉失落地注意到,她想的那个事跟阿卜杜拉无关。她盯着房间的另一头。"碧翠斯,我觉得那厨师带着狗在这里。"她说。

"哦,不错。"碧翠斯公主说,"大家一起来。"她大步走到房间正中。

一个戴着厨师高帽的男人站在那里。他是个满脸皱纹,头发花白的独眼龙。他的狗紧紧地贴着他的双腿,并对着任何想要靠近它的公主咆哮。也许这也体现了厨师此刻的心情,他似乎对眼前的一切茫然不解。

"贾迈尔!"阿卜杜拉大叫。然后他拿起魔瓶,又对着它看。

"好吧,这就是离赞泽堡最近的皇宫。"妖怪辩驳道。

阿卜杜拉见到老朋友安然无恙是如此高兴,因此没有和妖怪争辩。他完全忘了礼仪,从十位公主中间穿过,抓住贾迈尔的手:"我的朋友!"

贾迈尔紧紧地握住阿卜杜拉的手,并用那只独眼凝视他,眼中流出了一滴眼泪。"你没事!"他说。贾迈尔的狗后腿站立,前爪搭在阿卜杜拉的肚子上,亲热地喘着气。一股熟悉的鱿鱼味弥漫在空气中。

维尔利亚很快又开始尖叫起来。"我不要那只狗狗!它太难闻了。"

"哦,安静!"至少有六个公主说道,"假装喜欢,亲爱的。我们需要那个人的帮助。"

"我——不——要——!"维尔利亚公主叫喊道。苏菲正俯身挑剔地看着小个子公主喂奶,此刻她不得不离开,朝着维尔利亚走去。"别叫了,维尔利亚,"她说,"你记得我,是吧?"

维尔利亚显然记得。她冲向苏菲,用胳膊抱住她的腿,这次的眼泪是真的。"苏菲,苏菲,苏菲!带我回家!"

苏菲坐到地上,搂着她。"好了,好了。我们当然会带你回家的。我们先得安排一下。真是奇怪,"她对周围的公主们说,"我哄维尔利亚很在行,但对喂摩根我束手无策。"

"你会学会的。"年长的上诺兰公主在她身旁坐了下来,"据我所知,她们都学会了。"

夜之花走到房间中间。"我的朋友们,"她说,"三位好心的男士,我们必须聚在一起商量我们所处的困境,为我们早日脱身做打算。首先,无论如何,我们得在门口施个静音的咒语,以免绑架者偷听。"她的眼睛,深思熟虑而又不带感情色彩地看向阿卜杜拉手中的魔瓶。

"不!"妖怪说,"再想让我做什么事,我把你们全都变成蛤蟆!"

"我来!"苏菲说。她挣脱了仍旧牢牢抓着她裙边的维尔利亚,向门口走去。那里,她一手抓住窗帘,"现在你不是那种什么声音都能透进来的窗帘了,不是吗?"她对窗帘说,"我建议你跟四面的墙壁谈一谈,把这事跟他们说明白。告诉他们,没人可以听见我们在这房间说的每一句话。"

大多数公主小声对此表示赞同和放心。但夜之花说:"请原谅我的挑剔,灵巧的女巫,我想,应该让神灵能听到些什么,否则他们会起疑心的。"

从查颇番来的小个子公主怀抱着看上去硕大无比的摩根站起身,小心地将摩根递给苏菲。苏菲看上去很恐惧,怀抱着摩根的样子就好像他是个立马要爆的炸弹。这让摩根很不高兴,他挥动着手臂。就在小个子公主用她的两只小手抓窗帘之时,摩根的脸上闪过几个厌恶的表情,接着"噗"的打了个嗝。

苏菲跳了起来,差点把摩根给摔着了。"天哪!"她说,"我不知道小孩会这么干!"

维尔利亚开心地大笑:"我弟弟总是那样干。"

小个子公主做手势表示,她在按夜之花的意见处理。大家都侧耳倾听。在远远的什么地方,他们能听见公主们在高兴地大声交谈,发出一片嗡嗡声。间或还夹杂着听起来像维尔利亚的叫喊声。

"太好不过了。"夜之花说。她亲切地对小个子公主微笑,而阿卜杜拉情愿她只对他一个人那样笑。"现在,如果大家能坐下来,我们就能制订出逃计划了。"

每个人都以自己的方式听从了。贾迈尔看上去将信将疑地和他的狗一起蹲了下来。苏菲笨拙地抱着摩根在地板上坐了下来,维尔利亚紧挨着苏菲,现在她很开心。阿卜杜拉盘着腿坐在贾迈尔旁边。老兵过来,在和他们隔了两个人距离的地方坐下。阿卜杜拉一手紧握魔瓶,另一手紧紧抓住肩上的魔毯。

"这个叫夜之花的女孩真是了不起。"碧翠斯公主坐在阿卜杜拉和老兵中间说道,"她刚来的时候,除了书本上的知识,什么也不知道。她一直在学习。两天工夫就摸熟了达泽尔的脾气——那可恶的神灵现在见了她吓得要死。她来之前,我只是要让达泽尔明白,我们不会做他老婆。但她比我想得更远,她从一开始就想着逃跑的事。她设计让厨师加入帮忙,现在她办到了。她适合统治一个王国,不是吗?"

阿卜杜拉伤心地点点头,看向夜之花,她在等大家一一就座。她仍旧穿着被哈斯鲁尔从夜花园抓走时穿的薄纱衣。她仍然是那么苗条、优雅和美丽。她的衣服现在有些皱,并且有小小的撕裂。阿卜杜拉相信,每一条褶皱,每一个被撕裂的三角形口子,每一缕垂挂的线头,都是夜之花所学到的新东西。她真的适合统治一个王国,他想。如果拿夜之花和苏菲相比,苏菲因太有主见而一度让他很讨厌,而夜之花比苏菲要有主见得多。但在阿卜杜拉看来，这仅仅使夜之花显得更为出色。令他难受的是，她小心而礼貌地避免表现出跟他有任何特殊关系。他真希望知道这是为了什么。

"我们现在面临的问题，"夜之花在说，阿卜杜拉回过神来，"是我们所处的位置，不是仅仅出去就万事大吉了。即使我们能趁神灵不留神偷偷溜出城堡，或者哈斯鲁尔的天使们也不加阻拦，不过是穿过这云层重重摔到地上罢了，这里到地面的距离长着呢。即使我们能用什么法子克服这些困难——"此时，她的眼睛转向阿卜杜拉手里的魔瓶，然后，若有所思地转向他肩上的魔毯，但，哎，一眼都没瞧阿卜杜拉，"——没什么能阻止达泽尔派他的兄弟再把我们通通抓回来。所以，无论什么计划，重要的是我们必须打败达泽尔。我们知道，他的能耐主要仰仗于偷了他兄弟哈斯鲁尔的命根，所以哈斯鲁尔才不得不听命于他，不然他就得死。这样的话，我们必须找到哈斯鲁尔的命根，并把它还给他。尊贵的女士们先生们以及狗先生，我请你们就此想个法子。"

精彩的陈述。哦，我最亲爱的花。当夜之花优雅地坐下时，阿卜杜拉暗自忧伤。

"但我们仍然不知道哈斯鲁尔的命根会在哪里。"胖胖的法克檀公主抱怨道。

"说得不错。"碧翠斯公主说，"只有达泽尔知道那地方。"

"但这可恶的东西总是抛出些暗示。"金发的撒亚克公主抱怨道。

"让我们知道他有多聪明！"肤色较暗的阿尔伯利亚公主

挖苦道。

苏菲抬起头。"什么暗示?"她说。

一阵混乱,至少有二十位公主立刻想要告诉苏菲。阿卜杜拉竖起双耳想听清楚其中的一位,夜之花站起来维持秩序,此时老兵大声说:"哦,闭嘴,这么多张嘴!"

立刻全场寂静。每位公主的眼睛都转向他,盯着他,报以公主式的愤怒。

老兵觉得这很可笑。"自命不凡!"他说,"小姐们,随你们怎么看我。但请想一想,我何曾答应帮助你们逃跑来着?我没有。我为什么要这么做?达泽尔可没有对不起我。"

"那是因为,"年长的上诺兰公主说道,"他还没发现你,我的好心人。你看好了,等他发现你后会发生什么?"

"我会冒险一试。"老兵说,"从另一方面来说,假如你们中的一个能让我觉得这事值得一做,也许我能帮忙——我估计你们走不远,如果没我——"

夜之花跪起身子准备站起来,同时骄傲而优雅地说道:"如何才值得你做,我卑微的雇佣兵?我们所有人的父亲都非常富有。一旦你将我们救回,奖赏会滚滚而来。你想确定每一位公主的身价吗?那个没有问题。"

"我不反对,"老兵说,"但我不是那意思,我的美人。在我干这事之初,我获得的承诺是娶上一位公主。我想要的是——娶一位公主。你们中的一位应该可以配我。如果你们不行或不愿意,那这事就别算上我。我会离开去和达泽尔合作,他可能会雇我来看守你们。"

这话引起了一片沉默，气氛更加凝固，公主式的愤怒比之前更甚，直到夜之花恢复镇定，再次站起身。"我的朋友们，"她说，"我们都需要这个人的帮助——只因为他低级、无情且狡猾。我们不能让神灵派他这般的禽兽来看守我们。这样的话，我同意他从我们中间挑一位做妻子。谁不同意？"

很清楚，所有其他的公主都强烈反对。老兵的神情更冷了，他咧嘴一笑说道："如果我投靠达泽尔，毛遂自荐来看守你们，你们就永远别想逃跑。我能识破任何诡计。对吧？"他问阿卜杜拉。

"的确是，最狡猾的下士。"阿卜杜拉说。

一声细微的低语从小个子公主那里发出。"她说她已经结婚了——有十四个孩子，你们知道的。"年长的公主似乎明白那低语，说道。

"那么，所有还没结婚的公主请举起手来。"夜之花说道，并且最坚决地举起了自己的手。

迟疑地，不情愿地，其余公主中有三分之二也举起了手。老兵的头慢慢转动，从上到下打量着她们。脸上的神情令阿卜杜拉想起了苏菲还是午夜时的情形，当她准备大吃一顿三文鱼和乳酪时，脸上的神情就是这个样。这男人的蓝眼睛从一位公主打量到另一位身上，阿卜杜拉的心悬了起来。很明显他会选夜之花，她的美貌就如月光下的百合花那样出众。

"你。"最后老兵用手指着说。让阿卜杜拉宽慰和意外的是，他正指着碧翠斯公主。

碧翠斯公主同样吃惊。"我？"她说。

"是的，你。"老兵说，"我一直喜欢像你这样爱发号施令，心肠好又率直的公主。此外你也是怪奇吉亚人，那就更完美了。"

碧翠斯公主的脸现在变得通红，这没让她显得更好看一点儿。"但——但是——"她说，接着她就恢复了镇静，"我的好士兵，我得告诉你，我已被许配给英格里的贾斯汀王子了。"

"那你就告诉他你已经许配人家了。"老兵说，"政治联姻，不是吗？在我看来，你很高兴就此脱身。"

"那么，我——"碧翠斯公主说道。让阿卜杜拉吃惊的是，她眼睛里有泪水，她不得不再次开口。"你不是认真的！"她说，"我长得一点儿也不好看。"

"那很适合我。"老兵说，"回到地面。我拿一位娇滴滴的漂亮小公主该怎么办呢？我知道，无论我碰到什么样的骗局，你都会给我支持——并且，我敢说你也会织补袜子。"

"信不信由你，我会织补。"碧翠斯公主说，"我还会补靴子。你是认真的？"

"是的。"老兵说。

这两人转身面对面，很显然，两人都很诚恳。其余的公主忘了生气和皇家威严。每个人都凑上前来，微微带着赞许的微笑看着他们。夜之花的脸上也绽出了同样的微笑，于是她说道："如果没人反对的话，现在我们继续商讨。"

"我……我反对。"贾迈尔说，"我反对。"

所有的公主都发出了抱怨声。贾迈尔的脸几乎和碧翠斯公主的一样红，那只独眼显得很慌张——但老兵的例子让他变得胆大。

"亲爱的女士们,"他说,"我和我的狗,我们吓坏了。我们被抓来给你们做饭之前,一直在沙漠里逃亡,被苏丹王的驼队追击。我们不希望被送回去。如果各位美丽的公主都离开了,那我们做什么呢?神灵不吃我做的那种食物。不是冒犯各位,如果帮助你们逃跑,那我和我的狗就失业了,就这么简单。"

"哦,亲爱的。"夜之花看上去不知道说别的什么好。

"真可惜。他是个很好的厨师。"一位胖胖的穿着红色宽松长袍的公主说道,她大概是尹希库公主。

"他当然是!"年长的上诺兰公主说道,"我一想起神灵在他来之前偷给我们吃的东西就不寒而栗。"她转向贾迈尔。"我祖父曾经有个从拉斯福特来的厨师,"她说,"在你来之前,我从没吃到过和那人手艺相似的炸鱿鱼,甚至你做的味道比他做的还要好些。你帮助我们逃跑,我的兄弟,我会立刻聘用你以及你的狗。但是,"她又说道,此时贾迈尔粗糙的脸上绽开了笑容,"请别忘了,我的老父亲只统治一个非常小的公国。你能得到的不过是食宿而已,我付不起高工资。"

贾迈尔仍旧笑得很欢。"我最最仁慈的女士,"他说,"我要的不是工资,只是安全。就为这,我会为你烹饪天使才吃的食物。"

"嗯,"老公主说道,"我不知道那些天使吃什么——但就那么说定了。其他两个在出手帮忙前有什么要求吗?"

所有人都看着苏菲。

"没有。"苏菲相当悲伤地说,"我找到摩根了,因为哈尔看上去不在这里,我没别的需求了。不管怎样,我会帮助你们的。"

然后所有人看着阿卜杜拉。

他站起身,鞠了一躬。"哦,各位君王的掌上明珠们,"他说,"像我这般卑微的人,绝不敢因帮助像你们这样高贵的人而提任何条件。就如书本上所说,无私的帮助是最好的。"当他意识到自己说的全是废话时,他这番慷慨而华丽的陈词已经走得相当远了。有一样东西他非常想——真的非常想。他很快话锋一转,"我的帮助,"他说,"就如同风儿吹拂或雨水滋润花朵那样无私。我会竭尽全力为尊贵的各位效劳,我只乞求一点儿小小的回报,最最简单不过,请允许——"

"直截了当说,年轻人!"上诺兰公主说,"你想要什么?"

"和夜之花单独说五分钟话。"阿卜杜拉坦白道。

所有人都看夜之花。她的头抬得高高的,相当不快。

"别那样,花儿!"碧翠斯公主说,"五分钟要不了你的命!"

夜之花似乎相当清楚,那可能会要了她的命。她像一位行将就义的公主一样,说道:"很好。"并且带着比之前更冷的神情看向阿卜杜拉,问道:"现在吗?"

"或者更快一点儿,我亲爱的小鸽子。"他坚定地鞠了一躬,说道。

夜之花冷冷地点了点头,昂首走到了房间的另一侧,看上去一副殉道者的模样。"就这里。"等阿卜杜拉跟上她,她说道。

他再鞠了一躬,更加坚定了。"我说了,私下聊,哦,我为之唉声叹气的空中之星。"他指出道。

夜之花恼怒地将垂在身边的窗帘拉过一边。"他们可能还是听得见。"她冷冷地说道，示意他跟着她。

"但至少看不见，燃起我激情的公主。"阿卜杜拉说着，挪到了窗帘后面。

他发现自己站在一个小小的壁龛里。苏菲的声音清楚地传到他耳里："我过去常常在那块松动的砖里藏钱，希望那地方够他们用。"不管这地方以前是做什么用的，现在它看上去是公主们的衣柜。夜之花双臂交叉搁在胸前，面对着阿卜杜拉。她身后挂着套骑马装、斗篷、外套和一件筒形的衬裙，这和尹希库公主身上那件宽松长袍显然是配套的。阿卜杜拉面对着夜之花时，这些衣服就在他周围晃荡，但阿卜杜拉仍然觉得，比起他在赞泽堡的摊位，这里并不显得更小或更拥挤，而且还够私密。

"你想说什么？"夜之花冷冷地问。

"问一问你对我冷淡的缘由！"阿卜杜拉激动地回答道，"我做了什么，你连正眼都不瞧我一下，也不和我说话。在这么多失意的情人中，我难道不是唯一冒了一切风险来城堡的人？仅仅是为了前来助你一臂之力，难道这一路上我没有经历坎坷吗？我被你父亲威胁，受老兵欺骗，让妖怪嘲笑，我还要做什么？或者我得说你已经爱上达泽尔了？"

"达泽尔！"夜之花叫道，"你在侮辱我！你现在不但伤害我还外加侮辱！现在我明白碧翠斯是对的。你确实不爱我！"

"碧翠斯！"阿卜杜拉大为火光，"她凭什么说我的感受？"

夜之花将头垂下来一点儿，看上去与其说是难为情不如说是生气。此时一片死寂。事实上,安静到出奇,阿卜杜拉这才意识到,其他三十位公主的六十只耳朵——不,六十八只耳朵,如果算上苏菲和老兵,以及贾迈尔和他的狗,并且假定摩根睡着了的话——不管怎样,这些耳朵此刻完全集中在他和夜之花的谈话上。

"谈你们自己的!"他叫道。

沉默变得有些令人尴尬。老公主打破僵局说:"在这高高的云层之上,最令人苦恼的是不能把天气作为谈资。"

阿卜杜拉等到这句话被其他声音不太情愿的嗡嗡声接上后,又转向夜之花:"那么,碧翠斯说什么了?"

夜之花高傲地扬起头:"她说,你帮我弄来其他男人的画像,并且说话言辞漂亮,这些都很不错,但她不禁注意到你从不曾有一丝一毫想吻我的企图。"

"没耐性的女人!"阿卜杜拉说,"我第一次见你,以为你是个梦。我以为你会随梦消散的。"

"但是,"夜之花说,"第二次你见我时,看上去很确定我是真的了。"

"当然,"阿卜杜拉说,"但这很不公平,因为,如果你记得的话,除了你父亲和我,你没见过其他任何男人。"

"碧翠斯说,"夜之花说,"除了花言巧语,别的什么也不做的,肯定是个糟糕的丈夫。"

"别管碧翠斯公主了!"阿卜杜拉说,"你是怎么想的?"

"我想,"夜之花说,"我想知道你为什么觉得我没有魅力,以至于不值得一吻。"

"我没有觉得你没有魅力！"阿卜杜拉大叫。接着他记起窗帘背后的六十八只耳朵，激动地耳语道："如果你必须得知道，我——我这辈子从没吻过一个年轻小姐，你对我来说太漂亮了，以至于我不敢轻举妄动。"

一丝浅笑，伴着一个深深的酒窝，悄悄划过夜之花的嘴角："那么到现在为止，你吻过多少个年轻小姐了？"

"一个都没有！"阿卜杜拉抱怨道，"我还完全是个外行！"

"我也是！"夜之花承认道，"虽然现在我至少不会误会你是女人了。但我那时真的很傻！"

她笑出了声。阿卜杜拉也发出了一声笑。不一会儿两人都由衷地大笑起来，直到阿卜杜拉喘着气说："我觉得我们得练习一下！"

那之后，窗帘后面一片沉寂。这片沉寂持续了很长时间，以至于公主们都再也想不出该聊些什么了。只有碧翠斯公主，她看上去有很多话要对老兵说。终于，苏菲叫出声来："你们两个结束了吗？"

"当然，"夜之花和阿卜杜拉叫道，"肯定。"

"那么，我们来制订计划吧。"苏菲说。

以他此刻的心情，计划对他来说一点儿没问题，他牵着夜之花的手从窗帘背后走出来。假如碰巧此刻城堡消失了，那么他现在正踩在城堡下面的云层上，或者在空中飘荡。就那样飘飘然地，他走过一块看上去非常不值钱的大理石地板，然后接管了整个局面。

第二十章

神灵的命根找到后又被藏匿

十分钟后,阿卜杜拉说:"最最聪明和能干的人们,我们已经有计划了,现在就看这妖怪了——"

紫色的烟从瓶子里喷出,沿着大理石地板,焦躁地翻滚起伏。"你别利用我!"妖怪叫道,"我说了会把你们变成蛤蟆,我不是说说的。你们难道不明白吗?正是哈斯鲁尔把我放在这个瓶子里的,如果我做出什么反对他的事,他会把我放到更糟糕的地方去!"

苏菲抬起头,对着烟雾皱眉头:"真的有个妖怪!"

"但我只要求你用法力帮我占卜一下哈斯鲁尔的命根藏在哪里,"阿卜杜拉说,"我没要求你帮我实现愿望。"

"不!"淡紫色的烟雾咆哮道。

夜之花捡起了瓶子,把它放在膝盖上。烟雾向下喷出,试图渗透到大理石地板的裂缝里。"这理所当然。"夜之花说,"我们所求助的每个男人都开出了自己的条件,那么妖怪也有自己的价码,这一定是男人的特性。妖怪,我知道你想要什么,我承诺,如果你同意在这事上帮助阿卜杜拉,你会得到你想要的回报。"

不情愿地,这淡紫色的烟开始退回到瓶子里。"哦,很好。"妖怪说。

两分钟后,公主们房间门口的漂亮帘子被掀起,所有人都鱼贯而出,涌向大厅。她们拽着阿卜杜拉,后者看上去像个无助的囚犯,嘈嘈嚷嚷地要引起达泽尔的注意。

"达泽尔!达泽尔!"三十个公主叫嚷道,"你就是这么保护我们的?你该为自己感到羞愧!"

达泽尔抬起头。他正靠在宝座一边和哈斯鲁尔下象棋。他对眼前的一切有些畏缩,示意哥哥将棋盘拿走。幸运的是,公主人太多,他没注意到苏菲和爪哇国公主也混在其中。虽然他那漂亮的眼睛确实落在了阿卜杜拉身上,吃惊地眯缝起了眼睛。"现在算怎么回事?"他说。

"有个男人在我们房里!"公主们叫道,"一个糟糕、恐怖的男人!"

"什么男人?"达泽尔问,"什么男人胆敢进来?"

"这个人!"公主们尖叫道。

阿卜杜拉被拖到了前面,站在碧翠斯公主和阿尔伯利亚公主中间,身上穿得极不体面,除了窗帘后面挂着的那条筒形衬裙,几乎什么也没穿。这条衬裙也是计划的一部分。魔瓶和魔毯都藏在衬裙下面。当达泽尔注视他的时候,阿卜杜拉庆幸自己有心理准备。他之前不知道,神灵的眼睛其实可以喷火。达泽尔的眼睛像两只蓝色的火盆。

哈斯鲁尔的表现让阿卜杜拉更感到不安。他那巨大的脸上绽出一个不怀好意的微笑："哈，又是你！"然后他抱起了双臂，一脸的嘲讽。

"这个家伙是怎么混进来的？"达泽尔用他那尖细的声音问道。

大伙都未搭腔，夜之花适时地进入了角色，她从众位公主中间冲了出来，优雅地跪倒在宝座的台阶下面。"发发慈悲，伟大的神灵！"她高声叫道，"他仅仅是来救我的！"

达泽尔轻蔑地大笑："那么这个家伙是个傻子。我会直接把他扔回地面去的。"

"你那样做的话，伟大的神灵，我会让你永世不得安宁！"夜之花慨然说道。

她不是装装样子的，她是认真的，达泽尔知道她做得出来。他那细长、苍白的躯体一阵哆嗦，带金色尖甲的手指抓着宝座的扶手。但他的眼睛仍旧喷射着怒火。"我想做什么就做什么！"他尖声说道。

"那么请大发慈悲！"夜之花叫道，"至少给他一次机会！"

"安静，女人们！"达泽尔尖声说，"我还没决定。我得先知道他是怎么混进这里来的。"

"当然是伪装成这厨子的狗。"碧翠斯公主说。

"他变成人后，赤身露体。"阿尔伯利亚公主说。

"把大家吓坏了。"碧翠斯公主说，"我们不得不让他穿上公主的衬裙。"

"把他带到我跟前。"达泽尔命令道。

碧翠斯公主和几个公主用力将阿卜杜拉拖到了宝座的台阶前。阿卜杜拉迈着小碎步,他希望神灵们会归咎于衬裙。实际的原因是,衬裙里藏的第三件东西是贾迈尔的狗。他牢牢地把它夹在两个膝盖之间,以防它逃走。这也是计划的一部分,必须减掉一条狗,公主们都确信达泽尔会派哈斯鲁尔去找狗,以证明公主们在说谎。

达泽尔俯视着阿卜杜拉,阿卜杜拉非常希望达泽尔真的没什么法力。哈斯鲁尔说他弟弟很弱,但对阿卜杜拉来说,再弱的神灵也比一个普通男人要强上好几倍。"你变作狗来这里的?"达泽尔尖声说,"怎么变的?"

"用法术,大神灵。"阿卜杜拉说。他正打算详细解释这一点,但衬裙底下有了不为人知的动静。原来贾迈尔的狗讨厌神灵远胜过讨厌这世上的大部分人,它想要扑向达泽尔。"我把自己伪装成您厨子的狗。"阿卜杜拉开始解释。就在此时,贾迈尔的狗变得非常急迫,阿卜杜拉担心它会露馅儿,不得不将他的两个膝盖夹得更紧些,结果这狗发出了一声巨大的咆哮。"请原谅!"阿卜杜拉气喘吁吁地说,额头上渗出了汗珠,"我刚从狗变回来,忍不住时不时地要咆哮。"

夜之花意识到,阿卜杜拉碰到了问题,于是开始大哭。"哦,最高贵的王子,为了我,要遭受变成狗的苦!放过他,高贵的神灵!放过他!"

"安静,女人。"达泽尔说道,"厨子在哪里?把他带上来。"

贾迈尔被法克檀公主和撒亚克女继承人拖了上来,扭动着双手,痛哭流涕。"尊贵的神灵,不关我的事,我发誓。"贾迈尔哀号道,"别伤害我!我从不知道他不是一条真狗!"阿卜杜拉敢说贾迈尔是真的害怕。尽管如此,他还是表现得很像样。他拍拍阿卜杜拉的头,"乖狗,"他说,"好小子。"之后,他倒在地上,以赞泽堡的礼仪匍匐在宝座的台阶前,又哭又闹:"我是无辜的,别伤害我!"

狗被主人的声音给安抚住了。它的咆哮声止住了。阿卜杜拉可以将膝盖放松些了。"我也是无辜的,哦,皇家少女的收集者。"他说,"我来此,只为救我的心上人。你一定为我的痴心所感动,因为你自己爱着这么多位公主!"

达泽尔颇感困惑地摸着下巴。"爱?"他说,"不,我不能说我懂爱。我不明白怎么会有东西能让人如此行事,凡人。"

哈斯鲁尔巨大而黑色的身影蹲在宝座后面,笑得比之前更邪乎了。"弟弟,你想让我怎么对付这个东西?"他隆隆地说道,"烤了他?把他的心挖出来,做成一块地板?把他撕了?"

"不,不!发发慈悲,伟大的达泽尔!"夜之花快速叫道,"至少给他一次机会!如果你给了,我再不问你问题,或者向你抱怨,或给你说大道理。我会对你恭顺而又礼貌的!"

达泽尔又一次抓住下巴,看上去拿不定主意。阿卜杜拉很放心。达泽尔真是个很弱的神灵——无论如何,性格弱。"如果我给他一次机会——"他开口道。

"如果你听我的建议,弟弟,"哈斯鲁尔插话道,"你不要给他机会。这个家伙很狡猾。"

听此言,夜之花又纵声大哭,并捶打着胸口。阿卜杜拉在吵闹声中大叫:"让我来猜猜,你把你哥哥的命根藏在哪里了,伟大的达泽尔。如果我猜错了,你就杀了我。如果我对了,就让我安全离开。"

这把达泽尔大大地给逗乐了。他张大嘴,露出银色的獠牙,他的笑声响彻整个空中城堡,好似许多喇叭在吹奏。"但你永远猜不到,小凡人。"他大笑道。正如公主们反复和阿卜杜拉说过,达泽尔总是忍不住要给提示。"我把命根藏得如此巧妙,"他开心地说道,"能让你视而不见。哈斯鲁尔是神灵,连他也看不见,你有什么指望呢?但我觉得好玩,在我杀了你之前,我会给你三次猜的机会。猜吧,我把哥哥的命根藏哪里了?"

阿卜杜拉飞快地看了哈斯鲁尔一眼,以防他决意干涉。但哈斯鲁尔只是蹲在那里,看上去不置可否。到目前为止,计划还是很顺利的。不干涉此事对哈斯鲁尔有利。他做出思考的样子,同时用膝盖牢牢地夹住那狗,不让它在公主的衬裙里动来动去。他真正做的是在晃动那个魔瓶。"我第一次猜,伟大的神灵——"他说,盯着地板,仿佛绿斑岩地板会给他启发。妖怪会履行他的诺言吗?有那么一瞬间,阿卜杜拉感到害怕和悲伤,他觉得,妖怪会同往常一样令他失望,他必须冒险自己猜。接着,令他大为放心的是,他看见一小股紫色的烟雾从衬裙里偷偷溜了出来,安静而谨慎地待在阿卜杜拉的光脚旁边。"我的第一个猜想是,你把哈斯鲁尔的命根藏在月亮上了。"阿卜杜拉说。

达泽尔开心地笑了:"错!那样的话,他早发现了。不,比那个更明显,也更不明显。考虑一下找拖鞋的游戏,凡人!"

这告诉阿卜杜拉哈斯鲁尔的命根就在城堡里,就像大多数公主猜的那样,于是他做出努力思考的样子:"我的第二个猜想是,你把它交给某个守卫天使保管了。"

"又错了。"达泽尔说,他比之前更开心了,"天使会直接把它交还给哈斯鲁尔的。比那个要巧妙得多,小凡人。你永远猜不到的。真是妙,怎么就没有人看得见自己鼻子底下的东西。"

对此,一阵灵感袭来,阿卜杜拉确信他知道哈斯鲁尔的命根在哪里了。夜之花爱他,他此刻还飘飘然如在云中行走。犹如灵光一现,他知道答案了。但他非常害怕搞错,时机就要来临,他必须靠自己去拿哈斯鲁尔的命根,他明白不能有别的闪失,因为达泽尔不会再给他第二次机会了。这就是为什么需要妖怪来确认这个猜想。那股烟还待在那里,几乎是隐形的,但如果连阿卜杜拉都猜到了,那么妖怪肯定也知道了吧?

"呃——"阿卜杜拉说,"呃——"

这股烟无声无息地回到了衬裙里,在里面散开来,刺激到了贾迈尔那狗的鼻子,这狗打了个喷嚏。

"阿嚏!"阿卜杜拉叫道。这几乎盖过了妖怪细若游丝的低语:"它是哈斯鲁尔鼻子底下的鼻环。"

"阿嚏!"阿卜杜拉说道,并假装猜错,这是计划非常冒险的一部分,"你哥哥的命根在你的一颗牙齿里,伟大的达泽尔。"

"错!"达泽尔尖叫道,"哈斯鲁尔,烤了他!"

"放过他!"夜之花向哈斯鲁尔号啕道,而后者脸上的厌恶和失望一览无余,他准备起身。

公主们正等着这一刻。这些公主立刻把维尔利亚从人群中推了出来,推到宝座台阶前。

"我要我的狗狗!"维尔利亚大叫。这是她的使命时刻,正如苏菲阿姨告诉她的,她发现三十个新阿姨和三个新叔叔,都乞求她憋足劲死命尖叫。这之前,没人想让她叫。此外,这些新阿姨们许诺她,如果她这次脾气发得好,每人会给她一盒糖。三十盒糖,这太值得她好好干了。她张大了嘴,鼓足了气,使出了浑身的劲儿。

"我要我的狗狗!我不要阿卜杜拉!我就要我的狗狗!"她猛地倒在宝座台阶上,跌落在贾迈尔身上,又站起来,扑向宝座。达泽尔立刻跳到了宝座之上,避开她。"还我狗狗!"维尔利亚大叫。

与此同时,黄皮肤的小个子查颇番公主故意拧了一把摩根,拧得正是地方。摩根正睡在她小小的臂弯里,梦见自己仍是一只小猫。他忽然惊醒,发现自己仍然是一个无助的婴儿,大发脾气。他张大嘴巴,号了起来。他的双脚愤怒地蹬着,双手一上一下挥舞着。他的哭声如此洪亮,如果跟维尔利亚一拼高低,也许还更胜一筹。就这样,这噪音简直无以言说。紧接着大厅的回音将尖叫声又翻了一倍,然后全部回荡到了宝座上。

"对这些神灵发回声,"苏菲用她那谈话式的魔法腔调说,"不要只翻一倍,要翻两倍。"

大厅极为吵闹。两个神灵都将双手拍向他们那尖尖的耳朵。达泽尔大声叫嚣:"制止她,让他们停下!那个婴儿是从哪里来的?"

对此,哈斯鲁尔咆哮道:"女人会生孩子,愚蠢的神灵!你以为是什么?"

"我要我的狗狗回来!"维尔利亚说道,用她的拳头砸着宝座的椅子。

达泽尔用尖细的声音叫道:"给她一只狗,哈斯鲁尔,不然我杀了你!"

阿卜杜拉计划到了这一部分,他满以为——如果计划进行到这时他还没有被杀掉——自己会被变成一只狗。这就是计划的发展方向。按他的算计,此刻就该放出贾迈尔的狗了。他指望现在不只一条狗,而是两条狗一起从公主衬裙下冲出来,增加混乱。但哈斯鲁尔像他弟弟一样,被尖叫声及翻了两倍的回声搞得心烦意乱。他抓住自己的耳朵,痛苦地大叫,这会儿他的神灵智慧丧失殆尽,由此改变了整个计划的方向。哈斯鲁尔收起翅膀,将自己变成了一条狗。

他是条非常巨大的狗,介于一头驴子和公牛之间,灰色与褐色的条纹相间,翘鼻子上戴着个金环。这条大狗将他巨大无比的前爪放在宝座的扶手上,将一条巨大的淌着口水的舌头伸向维尔利亚的脸。哈斯鲁尔想表现得友好。但维尔利亚看见这么大这么丑的东西,不觉叫得比之前更厉害了。这噪音吓到了摩根，他也哭得更厉害了。

阿卜杜拉有那么一会儿没了主意，不知该怎么办，但紧接着，他确信没人会听得见他的叫喊。"老兵！"他大声吼道，"摁住哈斯鲁尔！谁去拿住达泽尔！"

幸运的是，老兵很警觉，他擅长此道。爪哇国公主旋即脱掉身上的外套，变回老兵，跳上宝座的台阶。苏菲冲在他后面，对公主们招手。她用手抱住了达泽尔又瘦又白的膝盖，而老兵用强壮的胳膊扼住了狗脖子。公主们"蹬蹬蹬"地跟着他们上了台阶。她们中的大部分也去对付达泽尔，公主们得好好出口气——只有碧翠斯公主没有加入混战，她将维尔利亚从中拉了出来，开始想方设法让她止住哭声。而此时小个子查颇番公主平静地坐在绿斑岩地板上，把摩根摇睡着了。

阿卜杜拉想冲向哈斯鲁尔，但没等他动身，贾迈尔的狗就瞅准机会跑开了。它一直在衬裙下观战，早按捺不住了。它喜欢打架，又看见了另一条狗。如果要区分的话，比起神灵和人类来，它更讨厌狗。也不管这狗有多大，它咆哮着冲过去攻击。而阿卜杜拉还在试着脱掉公主衬裙，贾迈尔的狗已经直取哈斯鲁尔的喉咙了。

哈斯鲁尔已经被老兵困住了，这会儿他感到有些招架不住了，他又变回了神灵。他做了一个生气的手势，狗便打着转飞出好远，狂叫一声落在大厅另一头。之后，哈斯鲁尔试着站起来，但老兵在他背上，使得他无法展开羽毛翅膀。哈斯鲁尔上下起伏，升了起来。

"低下你的头，哈斯鲁尔，我恳请你！"阿卜杜拉大叫着,终于踢掉了公主衬裙,身上除了缠腰带啥也没穿。他跳上台阶,抓住哈斯鲁尔硕大的左耳。此时,夜之花明白了哈斯鲁尔的命根在哪里,让阿卜杜拉极为开心的是,她也跳上来,死死地握住了哈斯鲁尔的右耳。他们挂在那里,悬在半空中,哈斯鲁尔时不时地占了老兵的上风;但落到地上,老兵又占了哈斯鲁尔的上风。老兵在他们身旁用双臂紧紧地箍着神灵的脖子,而哈斯鲁尔巨大而咆哮着的脸就在他的双臂之间。不时的,阿卜杜拉瞥见达泽尔站在他的宝座上,上面围着一堆公主。他展开他那孱弱的金色翅膀,翅膀看上去不是用来飞的,而是拿来和公主们打架的,他还叫着向哈斯鲁尔求救。

达泽尔尖利的叫声似乎刺激了哈斯鲁尔。他开始占了老兵的上风。阿卜杜拉想松开一只手,那样他能伸手去够那金鼻环。金环在哈斯鲁尔的鹰钩鼻之下,正好悬挂在他的肩膀旁边。阿卜杜拉腾出左手,但他的右手都是汗,从哈斯鲁尔的耳朵上滑脱了。就在他滑落之前——他绝望地——伸手抓了一把。

他本没指望贾迈尔的狗。只见那狗茫然地躺了几分钟,站起身,比之前更加生气,充满了对神灵的恨。它瞅见哈斯鲁尔,视他为敌人。它先向大厅的那一头倒退,接着冲刺,咆哮着横冲直撞,经过碧翠斯和维尔利亚,穿过围着宝座的公主们,经过他主人蹲着的身躯,冲向神灵最容易被触及的部位。阿卜杜拉的手滑落得恰逢其时。

咔!狗牙发出一记声响。咕咚,狗的喉咙里吞下了什么。狗脸上闪过一丝疑惑的表情,紧接着就落到了地上,难受地打嗝。哈斯鲁尔疼得大叫，两手伸到上面去拍鼻子。老兵被抛到了地上。阿卜杜拉和夜之花一边一个摔了下来。阿卜杜拉冲向打嗝的狗，但贾迈尔率先赶到，轻轻地扶起了它。

"可怜的狗，我可怜的狗！马上好了。"他弯腰轻轻地将它抱下了台阶。

阿卜杜拉拽过头晕目眩的老兵，和他一起站到了贾迈尔跟前。"所有人都住手！"他大喊，"达泽尔，我恳请你住手！我们拿到你哥哥的命根了！"

宝座上的争斗停止了。达泽尔带着张开的翅膀站了起来，他的眼睛看上去又像是火炉了。"我不信，"他说，"在哪里？"

"在狗肚子里。"阿卜杜拉说。

"但只有等明天，"贾迈尔平静地说，他只考虑它那打嗝的狗，"他吃了太多鱿鱼，肠胃过敏。感谢——"

阿卜杜拉踢了他一脚，让他住嘴。"这狗吃了哈斯鲁尔鼻子上的金环。"阿卜杜拉说。

达泽尔脸上的沮丧神情告诉阿卜杜拉，妖怪是对的，而他猜得没错。"哦！"公主们说道。所有的眼睛看向哈斯鲁尔，他大大的身躯弯下来，眼里流着热切的泪，两手捂着鼻子。血从他那带爪的巨大手指中间流下来，神灵的血是清澈而碧绿的。

"我应该知道，"哈斯鲁尔闷闷不乐地说道，"它就在我的鼻子底下。"

上诺兰的老公主从宝座旁的人群中走出来，在袖子里掏了掏，递给哈斯鲁尔一块小小的蕾丝手绢。"给你，"她说，"别伤心了。"

哈斯鲁尔心怀感激地接过手绢。"谢谢你。"他把它按在鼻子的裂口处。这狗除了鼻环没吞下别的什么。仔细地打扫了一遍场地后,哈斯鲁尔笨拙地跪下身来,招呼阿卜杜拉走到宝座台阶上。"现在我又是善灵了,你想让我做什么?"他哀伤地说道。

第二十一章

城堡落地

对哈斯鲁尔的问题阿卜杜拉无须多加思考。"你必须将你弟弟放逐到一个他回不来的地方,大神灵。"他说。

达泽尔立即放声落下蓝色的眼泪。"不公平!"他哭道,在宝座上跺脚,"每个人都和我作对!你不爱我,哈斯鲁尔!你骗我!你甚至没想摆脱这三个抓着你的人!"

对此,阿卜杜拉确信达泽尔是对的。神灵的力量有多大,阿卜杜拉是知道的。他确信哈斯鲁尔本可以将老兵甩到西伯利亚的,更别说他和夜之花了。

"我好像并没做什么坏事!"达泽尔叫道,"我有权结婚,不是吗?"

就在他跺着脚大喊大叫时,哈斯鲁尔小声对阿卜杜拉说:"在南边的海上有个孤岛,每一百年才能被发现一次。那里有个宫殿还有很多果树。我能把弟弟发配到那里吗?"

"现在你想把我送走!"达泽尔尖叫道,"你们谁也不在乎我会多么孤单！"

"顺便说一下，"哈斯鲁尔小声对阿卜杜拉说，"你父亲大老婆的亲戚们买通了雇佣兵，雇佣兵允许他们逃离赞泽堡，以免苏丹王迁怒于他们，但他们没带走两个外甥女。苏丹王将这两个不幸的女孩关了起来，因为她们现在变成你最近的亲属了，苏丹王能抓的就她俩了。"

"令人吃惊。"阿卜杜拉说，他看出了哈斯鲁尔的用意所在，"也许，大神灵，你可以将这两个少女带来这里庆祝你变回善灵？"

哈斯鲁尔丑陋的脸上露出喜色。他举起巨大的手爪。一声炸雷，接着是女孩的尖叫，然后两个胖外甥女就站在了宝座前，简直不费吹灰之力。阿卜杜拉明白这之前哈斯鲁尔的确是没有使出全力。见神灵正斜着大眼看他，眼角还残留着被狗攻击时流下的泪水，他知道神灵看出自己领会他的用意了。

"不能再抓公主了。"碧翠斯公主说。她跪在维尔利亚身边，看上去非常懊恼。

"我保证，事情不是那样的。"阿卜杜拉说。

这两个外甥女看上去根本不像公主。她们穿着最初那身衣服，普通的粉色和黄色，因之前的不幸经历，衣服被撕裂和弄脏了，两个人的头发都不再卷曲了。她们看了一眼在宝座上跺脚哭泣的达泽尔，又看了一眼硕大无比的哈斯鲁尔，然后看了一眼除了缠腰布什么也没穿的阿卜杜拉，尖叫了起来。之后，俩人都想把脸躲到对方胖胖的肩窝里去。

"可怜的女孩，"上诺兰的公主说，"几乎没有皇家体统。"

"达泽尔！"阿卜杜拉对抽泣的神灵说，"美丽的达泽尔，偷公主的强盗，安静一会儿，抬头看看我送给你的礼物，你可以带她们一起去流放地。"

达泽尔止住了哭泣："礼物？"

阿卜杜拉伸出手指。"看，两个新娘，年轻丰满，迫切地想要嫁人。"

达泽尔从脸颊上擦去了亮闪闪的泪珠，仔细地审视起两个外甥女起来，就像过去阿卜杜拉那些小心谨慎的顾客查看地毯一般。"多般配的两个，"他说，"胖得多好看！别是给我下什么圈套吧？你有权将她们送人吗？"

"没有圈套，耀眼的神灵。"对他来说，现在女孩们的其他亲戚已经遗弃她们，她们自然归他处置。但保险起见，他又说道："她们是偷来给你的，强大的达泽尔。"他走到两个外甥女跟前，拍了拍两人胖胖的手臂。"女士们，"他说，"赞泽堡最圆的月亮，因为那个不幸的誓言，使我永远无法领略你们的博大。抬头看看，看我给你们找的丈夫，他会取代我的位置。"

两个外甥女一听到"丈夫"这两个字，立刻抬起了头。她们注视着达泽尔。"他是多么英俊啊。"粉色的那个说。

"我喜欢有翅膀的。"黄色的那个说，"与众不同。"

"犬牙相当性感，"粉色的沉思道，"爪子也是，假如他走地毯时小心点的话。"

每句话都让达泽尔笑逐颜开。"我该先偷她们的。"他说，"我喜欢她们更甚于那些公主。你为什么不收集些胖的小姐过来，哈斯鲁尔？"

哈斯鲁尔开心地露出了獠牙。"那是你的决定,弟弟。"他的笑容退去,"如果你准备好了,现在我该送你到流放地去了。"

"现在,我不那么在意了。"达泽尔说,两只眼睛仍旧看着两个外甥女。

哈斯鲁尔再次伸出手,慢慢地,带着遗憾,慢慢地,随着三声雷响,达泽尔和两个外甥女不见了。有股微微的海腥味和隐隐的海鸥叫声传来。摩根和维尔利亚又开始哭了。其他人都在叹息,哈斯鲁尔最为深切。阿卜杜拉略微吃惊地发现哈斯鲁尔是真爱他弟弟。虽然难以理解居然有人会爱达泽尔,但阿卜杜拉几乎不能怪罪于他。那我得怪谁呢?他想道,此时夜之花走过来挽住了他的手臂。

哈斯鲁尔重重地叹了一口气,坐在了宝座上——比起达泽尔来,宝座的大小更适合他——巨大的翅膀沮丧地耷拉在两侧。"还有件事。"他说,小心地摸着他的鼻子。鼻子看上去已经复原了。

"当然,事情还没完!"苏菲说,她一直等在宝座的台阶上找机会说话,"你偷我们的移动城堡时,把我丈夫弄没了。他在哪里?我想要他回来。"

哈斯鲁尔伤心地抬起头,还没等他开口,公主们一片惊慌。每个站在台阶底下的人都从公主衬裙旁闪开。裙箍一鼓一鼓的,像个自行弹奏的六角形乐器。"救命!"妖怪在里面说,"放我出来!你答应过的!"

夜之花的手一碰嘴。"哦,我完全忘了!"她说着,快速离开阿卜杜拉,来到台阶之下。在一道紫色烟雾中,她将衬裙扔到一边。"我许愿,"她叫道,"妖怪你会脱离瓶子,永远自由。"

照常,妖怪没说一声谢。只听"啪"的一记响声,瓶子爆裂了,在一卷卷的烟雾里,毫无疑问,是一个人站了起来。

苏菲一见就叫了起来。"哦,保佑这女孩,谢谢你,谢谢你!"她立刻来到消散的烟雾前,速度如此之快,差点将那人撞倒。他看上去一点儿不介意。他抱起苏菲,带着她转了又转。"哦,我为什么不知道?为什么我没发现?"苏菲气喘吁吁地说,并围着破碎的瓶子打转。

"因为那是魔法。"哈斯鲁尔闷闷不乐地说道,"如果大家知道他是哈尔巫师,早有人放了他。你们不能知道他是谁,他也不能告诉任何人。"

皇家巫师哈尔比苏里曼巫师要年轻,并看上去风度翩翩得多。他穿一身华丽的紫色缎子服,衣服的颜色在他的头发上投射出一种不可思议的黄色阴影。阿卜杜拉盯着巫师瘦削脸庞上的那双浅色眼睛。他清楚地在某个早晨看见过这双眼睛,他觉得自己早该猜到的。现在自己的处境非常尴尬。他曾经使唤过这妖怪,并自认为很了解他。这是否意味着他也很了解这位巫师呢?或者不是这样的?

出于这个原因,在所有人包括老兵都围着哈尔巫师向他大声祝贺时,阿卜杜拉并没有加入其中。他看着小个子的查颇番公主静静地从欢呼的人群中走出来,神色庄重地将摩根放到了哈尔的怀里。"谢谢。"哈尔说,"我最好把他带在身边,那样我可以看护他。"他对苏菲说:"对不起,如果我让你担惊受怕了。"哈尔看起来比苏菲更会抱孩子。他轻轻地摇晃着摩根,注视着他,摩根也回视他,神情相当恐怖。"啊呀,他好丑。"哈尔说,"一个模子里出来的。"

"哈尔!"苏菲说。但她听上去并不生气。

"等一下。"哈尔说。他上前两步走到宝座前,抬头看哈斯鲁尔。"你看,神灵,"他说,"我有账要跟你算。你拿走我的城堡,又将我关进瓶子,这算什么?"

哈斯鲁尔的眼睛里一团怒火:"巫师,你是否觉得你的法力和我旗鼓相当了?"

"不,"哈尔说,"我只是要个说法。"阿卜杜拉发现自己很佩服这个人。由于知道妖怪曾经是那么胆小的一个人,他确信现在哈尔的内心一定怕得要死。但他一丝一毫也没有流露出来。他将摩根举到他那穿着紫色缎子服的肩膀上,与哈斯鲁尔对视。

"很好。"哈斯鲁尔说,"我弟弟命我去偷城堡,对此我别无选择。但达泽尔并没说怎么处置你,只是让我确保你不能将城堡偷回去。如果你的为人无可指责的话,我只要将你送到我弟弟现在住的地方就可。但我知道你曾利用巫术征服过一个邻国——"

"那不公平!"哈尔说,"是国王命我——!"有那么一会儿,他听上去像是达泽尔,紧接着他一定是意识到了这点,住了口。他想了想,然后悲伤地说:"即便是国王有令,但我想原本是可以劝说陛下改变主意的,你是对的。但你永远别落在我手里,不然我也把你关进瓶子里。说完了。"

"也许我活该遭此报应。"哈斯鲁尔同意道,"但我更该得些好报,因为我苦心设计,让每个牵涉其中的人都遭遇了最适合他的命运。"他的眼睛斜视着阿卜杜拉,"难道不是吗?"

"煞费苦心,大神灵,"阿卜杜拉同意道,"我所有的梦想都成真了,不仅是那些令人愉快的。"

哈斯鲁尔点点头。"现在,"他说,"再做一件必须做的小事,我就得离你们而去。"他的翅膀升起来,双手比画着。立刻,他身处一群有翅膀的奇怪形体之中。它们在他头上盘旋,就像是一群透明的海马围着宝座,除了转动的翅膀发出的微弱声响,完全是一片寂静。

"他的天使们。"碧翠斯公主对维尔利亚公主解释道。

哈斯鲁尔对这些带翅膀的形体小声说了些什么,他们突然离开了他,就如出现时一样突然,然后又成群结队地出现在贾迈尔周围,并围着他的头窃窃私语。贾迈尔害怕地后退,远离他们,但没有用。他们跟上了他。一个接一个,这些有翅膀的形体落在贾迈尔的狗的各个身体部位上。每个着陆后,就立刻缩小并消失在狗毛里,只剩下两个还在。

阿卜杜拉突然发现这两个形体在他眼前盘旋。他躲闪,但他们跟着。两个细小而冷漠的声音开口了,只有他听得见。"考虑了很久,"他们说,"比起做蛤蟆来,我们还是喜欢这个形体。从永生的角度来说,我们得谢谢你。"说着这两个形体飞速离去,落到了贾迈尔的狗身上,在那里他们缩小,然后消失在狗耳朵的粗糙皮毛里。

贾迈尔盯着他怀里的狗。"为什么我抱着一只浑身是天使的狗?"他问哈斯鲁尔。

"他们不会伤害你或你的狗,"哈斯鲁尔说,"他们只是在等金环再现。等到明天,我相信你是那样说的,对吧?你一定能理解,我自然很关注我的命根。等明天我的天使们找到它后,无论我在哪里,他们都会把它带来给我的。"他重重地叹了口气,把大家的头发都吹起来了。"我不知道该往哪里去,"他说,"我得在很远的地方给自己找个流放地。我曾经很坏,不能再跻身于善灵之列了。"

"哦,别那样,大神灵。"夜之花说,"据我所知,善就是饶恕。善灵们肯定会欢迎你回去的。"

哈斯鲁尔摇摇他那巨大的脑壳:"聪明的公主,你不明白。"

阿卜杜拉觉得他很理解哈斯鲁尔。他曾不那么礼貌地对待过父亲大老婆的亲戚们,也许他的理解与此有关。"别说了,亲爱的。"他说,"哈斯鲁尔想说他很享受变坏,并不后悔。"

"是真的。"哈斯鲁尔说,"过去这几个月,我过得比之前的几百年都开心。是达泽尔教会了我这些。现在我得走得远远的,以防我在善灵中又旧病复发。如果我知道该去哪里就好了。"

哈尔似乎有了一个主意,他咳嗽一声。"为什么不去另一个世界?"他建议道,"你知道的,有很多个其他世界。"

哈斯鲁尔的翅膀升了起来,兴奋地拍打着,使得大厅里公主们的头发和衣裙都舞动起来。"有吗?在哪里?告诉我怎么去另一个世界。"

哈尔将摩根塞到手足无措的苏菲怀里,跳上宝座的台阶。他给哈斯鲁尔看的是一些奇怪的手势和一个点头什么的。但哈斯鲁尔看上去听得相当明白,他也点头示意。然后他从宝座上起身，一句话没说径直离开了。他越过大厅，穿墙而出，穿墙对他就好似穿过一阵大雾似的。大厅顿时显得空荡荡的。

"不错的解脱。"哈尔说。

"你把他送到你的世界去了？"苏菲问。

"不可能！"哈尔说，"他们那里已经有很多麻烦事了。我让他去了相反的方向。我冒了个险，赌这城堡不会就此消失。"他慢慢转身，向大厅之外的云雾深处看去。"城堡仍在这里。"他说。"那说明卡西法一定就在这里的某个地方。他是唯一能让城堡继续运行的人。"他发出欢呼声。"卡西法！你在哪里？"

公主衬裙又一次好似有了生命。这一次裙箍滚到一边，从中露出了魔毯。它一阵抖动，就像此刻贾迈尔的狗正在做的那样。令所有人吃惊的是，它扑通掉到地板上，开始自行打开。阿卜杜拉几乎徒劳地大声喊叫。长长的织线自由跳动，颜色是蓝的，且分外鲜亮，好像这地毯根本不是普通羊毛织成的。这些自由的织线，在整个地毯上快速地来回穿梭，在变长的同时，越升越高，直至延伸到高高的云雾天花板上，而与之相连的那张地毯已成了光秃秃的帆布。

最后，随着不耐烦的一记抖动，另一端脱离了地毯，向上收缩，与其他的织线会合，摇摇晃晃地伸展开来，然后又收缩，最后展开成一个新形状，如同一滴倒挂的泪珠，或是一个火焰。这个东西继续向下飘，稳稳地，有意地。当他靠近时，阿卜杜拉可以看见一张脸，他由一点点紫色、绿色、或橙色火焰组成。阿卜杜拉认命地耸耸肩。看起来，他耗费所有金币买来的是个火魔，根本不是什么魔毯。

火魔开口了，口里紫色的火苗在跳动。"谢天谢地！"他说，"为什么之前没人叫我的名字。我很伤心。"

"哦，可怜的卡西法！"苏菲说，"我不知道啊！"

"我不是在跟你说，"这奇怪的火焰状东西反驳道，"你用爪子抠我。"说着他飘过了哈尔，"也不是跟你说，是你把我卷入其中的。要帮助国王军队的人不是我。我只跟他说话。"说着，他突然出现在阿卜杜拉肩膀旁边。阿卜杜拉听到自己的头发发出吱吱的微响。火焰很烫。"他是唯一曾经想要恭维我的人。"火魔说。

"从什么时候开始，"哈尔酸溜溜地问，"你喜欢听好话了？"

"自从发现被别人夸赞是件多美好的事。"火魔卡西法说。

"但我认为你并不美好。"哈尔说，"让自己先变好再说。"他一甩紫色的缎袖，转身背对着卡西法。

"你想变成一只蛤蟆吗？"卡西法问，"你知道，你不是唯一一个会变蛤蟆法术的人！"

哈尔生气地用穿着紫色靴子的脚敲打着地面。"也许吧。"他说，"你的新朋友也许会问你如何将这城堡复位。"

阿卜杜拉有点儿沮丧。哈尔似乎表明了，自己和阿卜杜拉互相并不认识。但他接到了暗示，他鞠了一躬。"哦，巫师里的蓝宝石，"他说，"欢乐的火焰，地毯中的蜡烛，你的真身比过去那张珍贵的织锦要神奇一百倍——"

"说正事儿！"哈尔低声说道。

"你能欣然同意将这城堡复位到地面吗？"阿卜杜拉说完了。

"很乐意。"卡西法说。

他们感到城堡在下降。一开始它下沉得很快，以至于苏菲紧紧抓着哈尔的手臂，许多公主都叫出了声，维尔利亚在大声说："有人把肚子留在天上啦。"有可能是卡西法被困地毯太久，疏于练习的缘故。不管是什么原因，一分钟后，下沉开始变得缓和，所有人几乎都没有注意到它在下沉。这还不算什么，因为城堡在下落时，变小了很多，所有人都相互紧挨着，挣扎着找空间让自己平衡。

墙壁向内移动，从云雾斑岩变回到原来的普通石灰。天花板向下移动，拱顶变成了黑色的大横梁，原先的宝座所在的位置后面出现了一扇窗。开始很暗，阿卜杜拉急切地向它走去，想看一眼透明的大海以及落日中的岛屿，但那一刻，窗户是一扇结实的真窗户，外面只有天空。黎明的金色曙光充满了整个茅屋大小的房间。此时，公主们紧挨在一起，苏菲被挤到了一个角落，气喘吁吁地一手抓着哈尔，一手抱着摩根。阿卜杜拉发现自己被挤在夜之花和老兵之间。

阿卜杜拉意识到，老兵已经很长时间没有说一句话了。事实上，他显然表现古怪。他将借来的头纱拉下来盖住头，躬身坐在一张小凳子上，那张凳子是城堡在缩小时出现在火炉边的。

"你没什么事吧？"阿卜杜拉问。

"很好！"老兵说。甚至他的声音也听来怪怪的。

碧翠斯公主从人群中挤出来找他。"哦，你在那里！"她说，"你怎么啦？现在我们马上要恢复正常了，你在担心我是否会信守诺言，是不是？"

"不是。"老兵说,"倒不如说——是的。它会让你心烦的。"

"我一点儿也不心烦。"碧翠斯公主爽利地说,"我一旦发下誓言,就会遵守的。贾斯汀王子只能一边去了。"

"但,我就是贾斯汀王子。"老兵说。

"什么?"碧翠斯公主说。

慢慢地,且很不好意思地,老兵将面纱拿开,并抬起头来。一样的面容,一样的蓝眼睛,那双眼睛看上去要么非常清澈要么极度不诚实,或二者兼而有之。但这张脸看上去更平整,更有教养,显现出一种军人特有的气质。

"那该死的神灵对我也施了魔法。"他说,"我现在记起来了。我在树林里等待搜寻小分队回来报告。"他看上去非常过意不去:"我们在搜寻碧翠斯公主——呃——就是你,你知道,没什么收获,突然我的帐篷被吹走了,神灵将他那巨大的身躯挤进树丛里。'我正带着这个公主。'他说,'因为你用巫术不光彩地打败了她的国家,你可以做一名战败的士兵,看看你的感觉如何。'接下来我知道的事情就是,我游荡在战场上,觉得我是一名怪奇吉亚士兵。"

"你讨厌那样吗?"碧翠斯问。

"嗯,"王子说,"而且很难。但我多少对付下来了。我把有用的东西都捡了起来,制订了些计划。我觉得,我得为所有那些战败的士兵做些什么。但是——"一种显然是老兵才有的微笑出现在他脸上,"说实话,晃荡在英格里的大地上,我相当享受。变坏让我乐在其中,我很像那个神灵。想到要回去统领那个国家让我很不开心。"

"嗯，我可以帮助你。"碧翠斯公主说，"毕竟我熟悉那里的情况。"

"真的吗？"王子说，他抬头看着她的方式，如同当初老兵看着帽子里的小猫。

夜之花愉快地用胳膊肘轻轻地推阿卜杜拉。"那个欧芹斯坦王子！"她小声说，"不用怕他。"

很快，城堡像一片羽毛般轻轻落在地上。卡西法浮在天花板下的横梁上，宣布他将城堡安放在金斯伯里郊外。"我已经给苏里曼的镜子发去了信息。"他扬扬得意地说。

这似乎激怒了哈尔。"我也发了。"他生气地说，"你太多事了，不是吗？"

"那么他收到了两条讯息，"苏菲说，"是什么讯息？"

"真蠢！"哈尔说着开始大笑。对此，卡西法也咝咝地大笑，他们看起来又和好了。想到此，阿卜杜拉能够明白哈尔的感受。他做妖怪的时候总是怒气冲冲，现在也总是勃然大怒，只能够拿卡西法当出气筒。也许卡西法也有同样的感受。两人的法力都太强大，以至于不能随便和普通人发脾气。

很显然，两个讯息都传到了。窗边的某个人叫道："看！"所有人拥到窗口，看金斯伯里的城门打开了，国王的马车得以飞奔而出，后面跟着一队士兵。事实上，是一队马车，无数大使的马车也跟在国王后面，马车装点着大多数被掳公主国家的徽章。

哈尔转向阿卜杜拉。"我觉得我应该了解你。"他说，他们互相尴尬地瞧着对方,"你了解我吗?"

阿卜杜拉鞠了一躬:"至少跟你了解我的一样多。"

"那是我所害怕的。"哈尔悲伤地说,"好吧,那我知道,必要时我能仰仗你去做些花言巧语的工作。等所有的马车到达这里时,就有必要了。"

是的。真是个混乱时刻,这期间,阿卜杜拉的嗓子都喊哑了。但最混乱的部分是,每个公主,且不说苏菲、哈尔和贾斯汀王子,都坚决要求告诉国王阿卜杜拉是多么智勇双全。阿卜杜拉不时地要去纠正她们。他不是勇敢,只是因为有夜之花爱他,他有些飘飘然而已。

贾斯汀王子将阿卜杜拉拽到一旁,和他一起来到王宫的某间接待室。"接受赞美。"他说,"没人曾经名正言顺地受到称颂。看看我,这里的怪奇吉亚人都围着我,因为我给他们的老兵发钱。我的皇兄很开心,因为我不再为娶碧翠斯公主的事作难。人人都觉得我是个模范王子。"

"你曾经反对娶她?"阿卜杜拉问。

"哦,是的。"王子说,"当然,那时我还不认识她。国王和我为此争吵过多次,我威胁要将他扔到皇宫的屋顶上去。我失踪后,他以为我因为生气要独自待一会儿,甚至都不为此担心。"

国王对弟弟很满意,也满意于阿卜杜拉还将维尔利亚和他另一位皇家巫师带了回来。他下命令要在明天为两对新人同时举行盛大婚礼。这让混乱增加了点紧急性。哈尔赶紧做了一个奇怪的玩意儿——大部分用羊皮纸做成——一个国王的信使,用魔法将信使送到了赞泽堡的苏丹王那里，邀请他来参加女儿的婚礼。这个信使半小时后回来了，看上去破破烂烂，带回的信息说，如果阿卜杜拉胆敢再出现在赞泽堡，苏丹王已经准备好五十英尺高的木桩在等着他。

事已至此，苏菲和哈尔去和国王做了商讨。国王设立了两个新职位，叫作英格里王国特别大使，当晚将这两个职位授予了阿卜杜拉和夜之花。

王子和大使的婚礼史上少有。碧翠斯公主和夜之花每人都有十四个公主做伴娘，国王亲自将新娘交过来。贾迈尔是阿卜杜拉的伴郎。他把婚戒递给阿卜杜拉的同时，小声汇报说，一大清早天使们已经带着哈斯鲁尔的命根离开了。

"也是一件喜事！"贾迈尔说道，"现在我的狗停止瘙痒了。"

认识的人里，只有苏里曼巫师和他妻子没来参加婚礼。这多少和国王曾经大发雷霆有关。当时国王想要抓苏里曼巫师，而莱蒂好像对国王说了很多强硬的话，因此产期大大提前了。苏里曼不敢离她左右。就在婚礼当天，莱蒂诞下一名健康的女孩。

"哦，真好！"苏菲说，"我知道自己适合做姨妈。"

两位新大使的第一件任务是将被绑架的公主们一一送回家。其中一些公主——如小个子查颇番公主——住得非常遥远，几乎都没人听说过她们的国家。大使受国王之命去缔结贸易联盟，并留意沿途所有的奇特之地，以图日后勘探。哈尔已跟国王商谈过了。出于某种原因，现在整个英格里都在谈论绘制世界地图的事。探险队成员被挑选出来，正接受专门的训练。

一路上舟车劳顿，安排公主们的饮食，外加和外国君主讨价还价，阿卜杜拉多少忙得有些顾不上跟夜之花坦白。他总是觉得明天会有一个更合适的谈话时机。最后，等他们快到偏远的查颇番时，他意识到不能再耽搁了。

他深吸了一口气。血色全无。"我不是个真王子。"他脱口而出。就那样，话出了口。

夜之花正在绘制地图，她抬起头，帐篷里的灯影使她看上去比平日更加俏丽。"哦，我知道那个。"她说。

"什么？"阿卜杜拉小声说。

"嗯，自然，在空中城堡时，我有很多时间来思考你的事。"她说，"很快我觉得你很浪漫，因为你的白日梦和我的是如此相似，只不过内容恰好相反罢了。你看，我曾梦想自己是个普通女孩，而我父亲是大集市里的一个地毯商人，我常想象自己帮他打理生意。"

"你太棒了。"

"你也是。"她说，继续画她的地图。

他们在预定的时间回到了英格里，并多带回一匹驮马，上面装着公主们许诺给维尔利亚的糖盒子。有巧克力、橘皮蜜饯、椰子糖、蜂蜜坚果……在所有糖果里，最妙的是来自小个子公主的糖果盒——被层层包裹的糖果像纸片那么薄，小个子公主叫它夏之叶。它们被装在一个非常漂亮的盒子里，维尔利亚公主长大后把它用作珠宝盒。说来也怪，她从此几乎再不大喊大叫了。国王对此不能理解，维尔利亚给苏菲的说法是，当三十个人都告诉你,你得大喊大叫时,你就没有想叫的念头了。

苏菲和哈尔——必须承认他们经常争吵,但听说他们很是以此为乐——又回到移动城堡去生活了。此外,他们在芯片谷有座豪宅。阿卜杜拉和夜之花回国后,国王也在芯片谷赏了块土地给他们,允许他们在上面盖座宫殿。他们建造的那所房子相当朴素,屋顶甚至是用茅草做的。但他们的花园很快成了当地一道风景。据说在设计它时,阿卜杜拉至少得到了一位皇家巫师的帮忙——不然仅凭一位大使,怎么可能会有一片四季开花的风信子林呢?

图书在版编目（CIP）数据

空中城堡 /（英）戴安娜·韦恩·琼斯著；匪石译. -- 上海：文汇出版社，2020.9
（哈尔的移动城堡三部曲）
ISBN 978-7-5496-3278-7

Ⅰ.①空… Ⅱ.①戴…②匪… Ⅲ.①儿童小说－长篇小说－英国－现代 Ⅳ.①I561.84

中国版本图书馆CIP数据核字（2020）第140143号

CASTLE IN THE AIR © Diana Wynne Jones, 1990
Published by arrangement with David Higham Associates through Bardon-Chinese Media Agency.
Chinese simplified character translation right © 2020 by Dook Media Group Limited.

中文版权 © 2020 读客文化股份有限公司
经授权，读客文化股份有限公司拥有本书的中文（简体）版权
著作权合同登记号 图字：09-2020-748

空中城堡

作　　者 /	［英］戴安娜·韦恩·琼斯
译　　者 /	匪　石
责任编辑 /	张　涛
特邀编辑 /	吴亚雯　蔡若兰
封面装帧 /	向　静
出版发行 /	文汇出版社 上海市威海路755号 （邮政编码200041）
经　　销 /	全国新华书店
印刷装订 /	北京盛通印刷股份有限公司
版　　次 /	2020年9月第1版
印　　次 /	2020年9月第1次印刷
开　　本 /	880mm×1230mm　1/32
字　　数 /	144千字
印　　张 /	7.25

ISBN 978-7-5496-3278-7
定　　价 / 39.50元

侵权必究
装订质量问题，请致电010-87681002（免费更换，邮寄到付）